I0503736

Scrum Mindset – Da negação ao Sucesso

Se você já teve a oportunidade de trabalhar em um projeto ágil, sabe que o Scrum é um framework incrivelmente poderoso. Mas ao mesmo tempo, também sabe que é extremamente difícil implementá-lo corretamente. Muitas empresas e profissionais se deparam com inúmeros desafios e barreiras que impedem a construção de uma cultura ágil sólida, capaz de entregar valor de forma consistente.

Foi pensando nisso que decidi compartilhar minha experiência neste livro. Ao longo de minha carreira, pude acompanhar de perto diversos projetos ágeis, e percebi que muitos deles fracassaram devido a erros na implementação do Scrum. E foi então que percebi que muitas empresas e profissionais estavam tendo dificuldades em compreender o verdadeiro potencial do Scrum, além de desconhecerem as bases que compõem seus alicerces.

Por isso, neste livro, meu objetivo é ajudar você a compreender como e por que o Scrum surgiu, bem como a importância de conhecer profundamente seus valores e princípios. Vou detalhar os principais erros cometidos por empresas e profissionais ao tentar implementar o Scrum, e mostrar como evitar esses erros e barreiras. Além disso, vou mostrar que o Scrum vai muito além da área de Software, sendo possível aplicar em outros segmentos com sucesso.

Também vou compartilhar iniciativas e ações que vão ajudar você eliminar a rejeição e a construir uma cultura ágil poderosa com equipes de alto nível entregando valor a cada ciclo. E o mais importante, vou mostrar como o fator humano é decisivo para o sucesso ou fracasso na implementação do Scrum.

Se você está buscando construir uma cultura ágil forte e bem-sucedida, então este livro é para você. Vamos embarcar juntos nesta jornada de descoberta e aprendizado, e temos certeza de que você vai se surpreender com tudo o que o Scrum pode fazer pela sua empresa e suas equipes.

Sobre o Autor

Com mais de 18 anos de experiência em gerenciamento de projetos ágeis e tradicionais no Brasil e no exterior, Sérgio Sona é um entusiasta do Scrum. Ele possui certificações em Professional Scrum Master I, Scrum Fundamentals e Professional Scrum Product Owner I. Com formação em Engenharia Elétrica, especialização em Programa Desenvolvimento de Dirigentes e MBA em Gerenciamento de Projetos, Sérgio Sona tem um histórico de sucesso em gerenciamento de projetos de diversos setores, incluindo Indústria Petrolífera, Shopping Centers, Galpões Logísticos, Prédios Comerciais e Residenciais, Aeroportos e Projetos de Pesquisa e Desenvolvimento. Sua abordagem centrada no cliente e habilidade em liderar equipes eficazes resultaram na entrega de soluções criativas e inovadoras para seus clientes.

© Sergio Sona 2023

Autor: Sergio Henrique Sona

"A resiliência e a perseverança são os alicerces para construir uma cultura ágil na organização. Quando enfrentamos desafios com determinação e flexibilidade, transformamos obstáculos em oportunidades e aprendizados. Através dessas qualidades, criamos um ambiente que encoraja a inovação, a adaptação e a melhoria contínua, permitindo que a organização se torne ágil, eficiente e preparada para os desafios do futuro."

Sumário

5. O SUCESSO NA IMPLEMENTAÇÃO

6. ESCALANDO O SCRUM COM SUCESSO

7. CONCLUSÃO

1. Introdução

1.1. Contextualização do Scrum no ambiente corporativo moderno

Nos dias de hoje, a velocidade e complexidade dos negócios estão aumentando rapidamente. O ambiente corporativo é altamente competitivo e as empresas precisam ser ágeis e flexíveis para responder a mudanças constantes e imprevisíveis. Nesse contexto, o Scrum se tornou um framework popular para gerenciamento de projetos e desenvolvimento de produtos em diversas áreas, desde tecnologia até finanças e saúde.

O Scrum foi criado na década de 1990 por Jeff Sutherland e Ken Schwaber e tem sido amplamente adotado por empresas que buscam melhorar sua capacidade de inovação e entrega de valor aos clientes. O Scrum é baseado em princípios ágeis e usa uma abordagem iterativa e incremental para gerenciamento de projetos e desenvolvimento de produtos. Ele é projetado para ajudar as equipes a se adaptarem rapidamente a mudanças, entregando valor em ciclos curtos e frequentes.

O Scrum é um framework simples, mas poderoso, que enfatiza a colaboração, comunicação e transparência. Ele oferece uma estrutura clara para a definição de papéis, eventos e artefatos que ajudam as equipes a se organizarem e trabalharem juntas de forma eficaz. O Scrum também incentiva a melhoria contínua e a adaptação às mudanças por meio de feedback constante e inspeção e adaptação frequentes.

Neste livro, vamos explorar a magia e os desafios por trás do Scrum, abordando desde a sua origem e evolução até os fundamentos do framework, passando pela sua implementação bem-sucedida, especialmente em relação ao fator humano, e a magia da comunicação e colaboração na equipe e entre as equipes. Com esse conhecimento, você terá as ferramentas necessárias para implementar com sucesso o Scrum em sua organização e tirar proveito dos benefícios que ele pode oferecer.

Substitua a palavra "software" por "produto"

Ao longo do livro, a palavra "software" será frequentemente mencionada, especialmente devido à sua conexão com o surgimento do Scrum e sua aplicação no desenvolvimento de software. No entanto, encorajamos você a substituir essa palavra pelo "produto" que sua empresa desenvolve, pois acreditamos firmemente que o Scrum pode ser implementado e aplicado com sucesso em diferentes tipos de projetos, independentemente do setor ou área de atuação.

Embora sua origem esteja intimamente ligada ao desenvolvimento de software, sua abordagem e princípios podem ser aplicados de forma eficaz em uma ampla gama de projetos, desde a criação de produtos físicos até a prestação de serviços.

Ao substituir a palavra "software" pelo "produto" específico que sua empresa desenvolve, você poderá identificar as semelhanças e paralelos entre os exemplos e conceitos discutidos no livro e sua própria realidade de negócios. Isso permitirá que você aproveite plenamente as lições e insights compartilhados, adaptando-os para o contexto do seu projeto e organização.

Lembramos que o objetivo deste livro é fornecer orientações práticas, dicas valiosas e uma compreensão profunda do mindset ágil e dos princípios do Scrum. Ao adaptar as ideias e exemplos apresentados para o seu produto específico, você poderá colher os benefícios do Scrum, independentemente da natureza do seu projeto.

Acreditamos que a implementação do Scrum pode trazer uma mudança significativa e positiva na forma como você e sua equipe trabalham juntos, na entrega de valor ao cliente e na busca contínua pela melhoria. Portanto, encorajamos você a ler este livro com a mente aberta, adaptando os conceitos e exemplos para sua própria realidade, e a explorar as possibilidades do Scrum em seu produto.

Desejamos a você uma jornada inspiradora e transformadora neste livro e esperamos que as ideias e insights aqui compartilhados possam impulsionar o sucesso e o crescimento de seu projeto, independentemente do setor em que sua empresa atua.

2. ORIGEM E EVOLUÇÃO DO SCRUM

2.1. Origem das metodologias ágeis

As metodologias tradicionais de gerenciamento de projetos, como o Modelo Cascata (Waterfall), foram desenvolvidas originalmente para gerenciar projetos em outras indústrias, como a construção civil e a indústria automotiva. Quando essas metodologias foram aplicadas ao desenvolvimento de software, muitas vezes resultaram em projetos fracassados, atrasados e com custos elevados.

Um dos principais problemas das metodologias tradicionais é que elas foram projetadas para funcionar em um ambiente de previsibilidade e certeza. No entanto, o desenvolvimento de software é uma atividade complexa e incerta, com requisitos e prioridades que podem mudar rapidamente. Isso torna difícil prever com precisão o tempo e o esforço necessários para concluir um projeto.

Outro problema das metodologias tradicionais é que elas tendem a separar as atividades de planejamento, design, codificação, teste e implementação em fases distintas do projeto. Isso pode levar a atrasos significativos, pois cada fase precisa ser concluída antes que a próxima possa começar.

Além disso, as metodologias tradicionais muitas vezes colocam uma ênfase excessiva no planejamento e documentação, em detrimento da comunicação e colaboração entre a equipe de desenvolvimento e o cliente. Isso pode levar a um produto final que não atende às necessidades do cliente.

Como resultado dessas limitações, surgiram as metodologias ágeis de gerenciamento de projetos de software. As metodologias ágeis são baseadas em um conjunto de valores e princípios que enfatizam a adaptação rápida às mudanças, a entrega contínua de software funcionando e a colaboração entre a equipe de desenvolvimento e o cliente.

As metodologias ágeis permitem que a equipe de desenvolvimento trabalhe em ciclos curtos e iterativos, em vez de fases distintas do projeto. Isso permite que a equipe responda rapidamente às mudanças nos requisitos do projeto e garante que o software entregue atenda às necessidades do cliente.

Outra vantagem das metodologias ágeis é que elas enfatizam a comunicação constante entre a equipe de desenvolvimento e o cliente. Isso garante que o produto final atenda às necessidades do cliente e que a equipe esteja sempre ciente das prioridades e requisitos atuais do projeto.

A palavra "Ágil" foi cunhada em 2001, quando um grupo de desenvolvedores de software se reuniu em Utah, nos Estados Unidos, para discutir uma nova abordagem para o desenvolvimento de software. Eles criaram o Manifesto Ágil, que estabeleceu os valores e princípios fundamentais das metodologias ágeis.

O verdadeiro significado da palavra "Ágil" é a "Habilidade que uma organização tem de reagir e se adaptar a mudanças no seu ambiente". As metodologias ágeis permitem que as equipes de desenvolvimento respondam rapidamente às mudanças nos requisitos do projeto e entreguem produtos com mais frequência e mais rapidamente do que as metodologias tradicionais.

2.2. Como o surgiu o Scrum

O Scrum surgiu em um contexto em que as empresas estavam enfrentando uma pressão cada vez maior para inovar e desenvolver produtos com mais rapidez. Em 1986, os pesquisadores japoneses Ikujiro Nonaka e Hirotaka Takeuchi publicaram um artigo na Harvard Business Review intitulado "The New New Product Development Game". Nesse artigo, eles apresentaram uma abordagem para o desenvolvimento de produtos baseada em equipes multidisciplinares, colaboração intensa e iterações rápidas, que foi inspirada em práticas observadas em empresas de fabricação de automóveis no Japão.

Para estudar como as empresas estavam inovando mais rapidamente que seus concorrentes, Nonaka e Takeuchi estudaram empresas como Honda, Canon, Fuji-Xerox e NEC. Eles observaram que essas empresas usavam equipes multidisciplinares que trabalhavam em iterações curtas e intensas para desenvolver novos produtos. Essas equipes eram altamente colaborativas e trabalhavam juntas para resolver problemas e criar soluções inovadoras.

A abordagem descrita no artigo de Nonaka e Takeuchi serviu como inspiração para muitos desenvolvedores de software que buscavam uma abordagem mais eficaz para o desenvolvimento de software. Jeff Sutherland e Ken Schwaber foram dois desses desenvolvedores, que trabalharam juntos para criar o Scrum, um framework para o desenvolvimento de software que incorporava muitos dos princípios descritos no artigo de Nonaka e Takeuchi.

A palavra "Scrum" foi inspirada em uma jogada de rugby, na qual os jogadores se agrupam para reiniciar o jogo. Essa analogia foi usada por Sutherland e Schwaber para descrever a abordagem do Scrum, em que a equipe trabalha em conjunto para alcançar seus objetivos.

Portanto, o Scrum foi criado como uma resposta aos desafios enfrentados pelas empresas na era da inovação rápida, e sua abordagem é baseada em equipes colaborativas, iterações curtas e intensas e soluções.

2.3. Linha de tempo com os eventos mais importantes na história do Scrum

O Scrum é um framework relativamente novo, mas sua história já possui uma série de eventos importantes que ajudaram a moldar o framework e torná-lo o que é hoje. Abaixo, apresentamos uma linha do tempo com alguns dos eventos mais significativos na história do Scrum:

- **1986:** O termo "Scrum" é utilizado pela primeira vez por Hirotaka Takeuchi e Ikujiro Nonaka em um artigo publicado na Harvard Business Review.

- **1993:** Jeff Sutherland, John Scumniotales e Jeff McKenna conceberam, documentaram e implementaram o Scrum, na empresa

Easel Corporation, incorporando os estilos de gerenciamento observados por Takeuchi e Nonaka.

- **1995:** O Scrum foi apresentado pela primeira vez em 1995, por Jeff Sutherland e Ken Schwaber, durante a conferência OOPSLA (Object-Oriented Programming, Systems, Languages & Applications) em Austin, Texas.

- **2001:** O Manifesto Ágil é criado, formalizando a abordagem ágil para desenvolvimento de software e popularizando ainda mais o Scrum.

- **2009:** É criada a Scrum.org por Ken Schwaber, o co-criador do Scrum, como uma organização dedicada a ajudar indivíduos e organizações a implementar o Scrum de forma eficaz, oferecendo treinamentos, certificações e recursos para profissionais de Scrum em todo o mundo.

- **2010:** É lançada a primeira versão do Scrum Guide, criada por Ken Schwaber e Jeff Sutherland, os co-criadores do Scrum, e descreve as práticas, regras e valores fundamentais do Scrum.

- **2014:** Foi lançado o livro "A arte de fazer o dobro do trabalho na metade do tempo", escrito por Jeff Sutherland, um dos criadores do Scrum, e coautora do por J.J. Sutherland, seu filho. O livro apresenta a metodologia Scrum e como ela pode ser aplicada para aumentar a eficiência e produtividade no trabalho.

- **2017:** Uma atualização significativa do Scrum Guide é lançada, com foco na simplicidade e clareza das práticas e conceitos.

- **2020:** A versão mais recente do Scrum Guide é lançada, com mudanças significativas na abordagem de papéis e na definição de eventos.

Esta é apenas uma breve linha do tempo dos eventos mais significativos na história do Scrum. À medida que exploramos mais sobre o framework neste livro, veremos como ele evoluiu ao longo do tempo e como suas práticas e conceitos têm se adaptado às mudanças no mundo dos negócios e tecnologia.

2.4. Manifesto Ágil – Valores, princípios e como surgiu

Conhecer e compreender profundamente os valores e princípios do Manifesto Ágil é fundamental para qualquer profissional que trabalha com desenvolvimento de produtos. Isso porque o Scrum, um dos frameworks ágeis mais populares do mercado, foi construído sobre a inteligência coletiva das pessoas que o utilizam. Por isso, entender a história por trás do Manifesto pode ajudar a compreender sua importância e relevância para a implementação de uma cultura ágil nas empresas.

A história do Manifesto Ágil remonta a fevereiro de 2001, quando um grupo de 17 profissionais de software se reuniu em Utah, nos Estados Unidos, para discutir maneiras de melhorar a forma como o desenvolvimento de software era realizado. Entre eles, estavam Kent Beck, Ward Cunningham, Martin Fowler, Ron Jeffries e outros nomes de peso do mundo da agilidade.

Durante essa reunião, esses profissionais desenvolveram um documento chamado de "Manifesto for Agile Software Development" (Manifesto para o Desenvolvimento Ágil de Software), que contém quatro valores e doze princípios que servem como base para a criação de uma cultura ágil dentro das empresas.

O manifesto foi criado em um momento em que o desenvolvimento de software era feito de forma tradicional, ou seja, seguindo um processo sequencial que levava muito tempo para ser concluído e que muitas vezes não atendia às necessidades dos clientes. Com o Manifesto, esses profissionais trouxeram uma nova abordagem, focada em valores como indivíduos e interações, software funcionando, colaboração com o cliente e resposta rápida a mudanças.

O Manifesto Ágil é baseado em 4 valores fundamentais

1. Indivíduos e interações mais que processos e ferramentas:

O primeiro valor do manifesto ágil destaca a importância da valorização das pessoas e da interação entre elas em um projeto de desenvolvimento de produto. Isso significa que a equipe de desenvolvimento deve ser composta por indivíduos altamente capacitados e dedicados, capazes de se comunicar e colaborar uns com os outros de forma efetiva.

A valorização das pessoas implica em reconhecer e respeitar as habilidades, conhecimentos e experiências individuais de cada membro da equipe. Essa valorização deve ser refletida no processo de desenvolvimento, que deve permitir que cada membro da equipe contribua com suas habilidades e experiências, oferecendo feedbacks construtivos e tendo voz ativa nas decisões.

A interação entre os membros da equipe é fundamental para que se possa alcançar um produto final de alta qualidade. A comunicação efetiva e a colaboração contínua são essenciais para a identificação e resolução de problemas, para a tomada de decisões mais precisas e para o desenvolvimento de soluções inovadoras. A interação também ajuda a promover um ambiente de trabalho positivo e motivador, que favorece o crescimento individual e coletivo.

Ao colocar o valor das pessoas e da interação acima dos processos e ferramentas, o manifesto ágil reconhece que, embora processos e ferramentas sejam importantes, eles são apenas meios para se atingir um objetivo maior: a satisfação do cliente através da entrega de um produto de alta qualidade. A valorização das pessoas e da interação é a base para a construção de uma cultura ágil que permite a adaptação rápida e efetiva às mudanças do mercado e das necessidades do cliente.

2. Software em funcionamento mais que documentação abrangente:

O segundo valor do Manifesto Ágil é destaca a importância de produzir software funcional de maneira rápida e contínua, em vez de gastar tempo e recursos valiosos na criação de documentação extensa e detalhada.

Isso não significa que a documentação não seja importante ou que deva ser totalmente ignorada. Em vez disso, o foco deve ser no software em funcionamento como a principal medida de progresso e sucesso. A documentação deve ser mantida em um nível adequado e necessário, sem se tornar um fardo ou uma barreira para a entrega do software funcional.

Uma das principais razões para essa ênfase no software em funcionamento é que ele é a única maneira real de avaliar a eficácia do produto. Quando se trata de software, não é suficiente apenas documentar os requisitos ou as especificações do produto. É necessário que o software esteja funcionando e que os usuários finais possam interagir com ele para fornecer feedback útil e valioso.

Ao priorizar o software em funcionamento, a equipe ágil pode entregar valor aos usuários mais rapidamente e com mais frequência. Isso permite que os usuários experimentem o produto e forneçam feedback valioso que pode ser usado para melhorar continuamente o software e atender melhor às necessidades do usuário.

Em resumo, o segundo valor do Manifesto Ágil enfatiza a importância de entregar software em funcionamento de forma contínua e iterativa, em vez de se preocupar com documentação extensa e detalhada. Isso permite que a equipe ágil entregue valor aos usuários mais rapidamente e receba feedback útil e valioso para melhorar continuamente o produto.

3. Colaboração com o cliente mais que negociação de contratos:

O terceiro valor do Manifesto Ágil enfatiza a importância da colaboração entre a equipe e o cliente para o sucesso do projeto. Em vez de se concentrar em negociar contratos e acordos detalhados, é necessário ter uma abordagem colaborativa e iterativa com o cliente para entender e atender às suas necessidades em constante evolução.

Isso significa que a equipe ágil deve envolver o cliente em todas as fases do processo de desenvolvimento, desde o planejamento até a entrega do produto final. A colaboração com o cliente ajuda a equipe a entender melhor os requisitos do projeto, identificar rapidamente os problemas e mudanças de escopo, e adaptar-se às necessidades do cliente.

Além disso, a colaboração com o cliente também ajuda a construir um relacionamento de confiança e transparência entre a equipe e o cliente. Isso é crucial para o sucesso do projeto, já que o cliente pode acompanhar de perto o progresso do projeto e oferecer feedback contínuo, permitindo que a equipe faça ajustes e melhorias conforme necessário.

Portanto, o terceiro valor do Manifesto Ágil enfatiza a importância de construir um relacionamento colaborativo com o cliente e priorizar sua satisfação, em vez de se concentrar apenas em negociar contratos e acordos detalhados. Dessa forma, a equipe pode trabalhar com eficiência e eficácia para fornecer um produto final que atenda às necessidades do cliente de forma ágil e iterativa.

4.   Responder a mudanças mais que seguir um plano:

O quarto valor do Manifesto Ágil reconhece que mudanças são inevitáveis em qualquer projeto de desenvolvimento de software e enfatiza a importância de ser capaz de se adaptar e responder rapidamente a essas mudanças. Isso significa que, em vez de seguir um plano inflexível, as equipes ágeis devem estar preparadas para mudar de direção quando necessário, com o objetivo de fornecer valor ao cliente de maneira contínua.

Ao invés de gastar muito tempo em um planejamento detalhado e rígido, as equipes ágeis adotam uma abordagem mais flexível, onde as tarefas são divididas em pequenos incrementos e as entregas são feitas de forma iterativa. Isso permite que a equipe se adapte às mudanças de prioridade do cliente ou do mercado, corrigir problemas e ajustar o curso do projeto rapidamente.

Isso não significa que não há planejamento no desenvolvimento ágil, mas sim que o plano é visto como um guia flexível que deve ser atualizado à medida que a equipe aprende mais e se adapta às mudanças. As equipes ágeis entendem que, muitas vezes, a melhor maneira de descobrir o que funciona é através de iterações e feedback contínuo.

Este valor é especialmente importante em projetos de desenvolvimento de software, onde as necessidades do cliente e os requisitos de mercado estão em constante mudança. Ao permitir que as equipes ágeis sejam flexíveis e adaptáveis, elas estão melhor equipadas para entregar valor de forma rápida e eficaz.

Além disso, esse valor também incentiva as equipes a se concentrarem no resultado final em vez de se preocuparem em seguir um plano rigoroso e talvez inadequado. Ao estar aberto a mudanças, as equipes ágeis são capazes de responder rapidamente às necessidades do cliente e maximizar o valor entregue.

Em resumo, o quarto valor do Manifesto Ágil destaca a importância de ser ágil e adaptável, permitindo que as equipes se concentrem em entregar valor e responder às mudanças do mercado e do cliente, em vez de se apegarem a um plano rígido.

Os 12 princípios do Manifesto Ágil são

1.   Nossa maior prioridade é satisfazer o cliente, através da entrega adiantada e contínua de produto com valor agregado:

O primeiro princípio do Manifesto Ágil é um dos mais importantes e ressalta a importância do cliente no processo de desenvolvimento de um produto. Ele afirma que a maior prioridade da equipe de desenvolvimento deve ser a satisfação do cliente, alcançada por meio da entrega adiantada e contínua de produto com valor agregado.

Isso significa que, em vez de se concentrar em prazos ou em um plano rígido, a equipe deve se concentrar em entregar as funcionalidades que proporcionam maior valor ao cliente o mais cedo possível. Dessa forma, o cliente tem a oportunidade de ver o produto em ação, fazer feedback e ajustar o curso do desenvolvimento de acordo com suas necessidades e preferências.

Além disso, o princípio também destaca a importância da entrega contínua, o que significa que a equipe deve trabalhar em pequenas entregas, de forma iterativa, em vez de se concentrar em entregas grandes e complexas. Isso permite que a equipe obtenha feedback constante do cliente, tornando o processo de desenvolvimento mais ágil e adaptativo.

Para seguir esse princípio, a equipe de desenvolvimento deve ter uma comunicação clara e transparente com o cliente, entender suas necessidades e expectativas e garantir que o produto esteja sempre alinhado com elas. É importante lembrar que a satisfação do cliente não é algo que pode ser alcançado apenas no final do projeto, mas sim algo que deve ser constantemente avaliado e ajustado ao longo do processo de desenvolvimento.

2.   **Mudanças nos requisitos são bem-vindas, mesmo tardias no projeto. Processos ágeis tiram vantagem das mudanças visando vantagem competitiva para o cliente:**

O segundo princípio do manifesto ágil enfatiza a importância de ser flexível e adaptável às mudanças nos requisitos do projeto. Reconhece-se que a maioria dos projetos enfrenta mudanças e que essas mudanças podem ocorrer em qualquer momento do ciclo de vida do projeto. Em vez de lutar contra as mudanças e tentar impedi-las, a equipe deve estar preparada para lidar com elas e aproveitá-las para obter vantagem competitiva.

Esse princípio destaca que os processos ágeis são projetados para serem adaptáveis e flexíveis. Eles são estruturados para permitir mudanças em qualquer fase do projeto, sem causar grandes interrupções ou atrasos. Isso é possível porque os processos ágeis são iterativos e incrementais, o que significa que o trabalho é dividido em pequenas iterações, e cada iteração produz um incremento de trabalho funcional.

Ao adotar esse princípio, a equipe deve estar preparada para lidar com mudanças de requisitos, trabalhando em estreita colaboração com o cliente para entender e implementar as mudanças necessárias. A equipe deve estar aberta a novas ideias e feedback, o que pode ajudar a melhorar o produto final.

Ao permitir mudanças, mesmo que tardias no projeto, a equipe pode adaptar-se rapidamente às necessidades do cliente, tornando-se mais ágil e capaz de responder rapidamente às mudanças do mercado. Dessa forma, a equipe pode ajudar a garantir que o produto final atenda às necessidades do cliente e tenha sucesso no mercado.

3.   Entregar frequentemente produto funcionando, de poucas semanas a poucos meses, com preferência à menor escala de tempo:

O terceiro princípio do manifesto ágil destaca a importância da entrega contínua de produtos funcionais em um período curto de tempo, de algumas semanas a alguns meses. Isso significa que em vez de tentar entregar todo o produto de uma só vez, é preferível dividir o trabalho em partes menores e entregá-las em ciclos curtos e regulares. Essa abordagem é chamada de desenvolvimento iterativo e incremental.

Ao entregar o produto funcional em um curto espaço de tempo, a equipe de desenvolvimento pode obter feedback do cliente com mais frequência. Isso permite que eles ajustem e melhorem continuamente o produto em resposta às necessidades do cliente e às mudanças no mercado. Além disso, a entrega contínua de produtos funcionais permite que o cliente comece a utilizar o produto o mais cedo possível e perceba seus benefícios.

Outra vantagem da entrega frequente é que ela ajuda a reduzir o risco do projeto. Se um problema ou erro for detectado no início do processo de desenvolvimento, é mais fácil corrigi-lo antes que se torne um problema maior e mais difícil de solucionar. Além disso, ao entregar o produto funcional em ciclos curtos, a equipe de desenvolvimento pode priorizar as funcionalidades mais importantes e garantir que elas sejam implementadas primeiro.

Em resumo, o terceiro princípio do manifesto ágil destaca a importância de entregar o produto funcional de forma contínua e regular em um curto espaço de tempo. Isso permite que a equipe de desenvolvimento obtenha feedback contínuo do cliente, ajuste e melhore o produto em resposta às necessidades do cliente e às mudanças no mercado, reduza o risco do projeto e priorize as funcionalidades mais importantes.

4. Pessoas de negócio e desenvolvedores devem trabalhar diariamente em conjunto por todo o projeto:

O quarto princípio do manifesto ágil coloca um forte foco na colaboração entre as pessoas de negócio e os desenvolvedores durante todo o projeto. A ideia central é que a equipe de desenvolvimento deve trabalhar em conjunto com as partes interessadas do projeto, incluindo os clientes, usuários finais e outras partes envolvidas no processo de negócios.

Ao trabalhar diariamente em conjunto, as pessoas de negócio podem fornecer feedback valioso à equipe de desenvolvimento, identificar problemas e mudanças nos requisitos do projeto, e ajudar a garantir que o produto final atenda às suas necessidades. Por outro lado, os desenvolvedores podem fornecer insights técnicos para as pessoas de negócio, ajudando-as a entender as limitações e possibilidades técnicas do produto.

Essa colaboração diária pode ajudar a garantir que todos estejam na mesma página, minimizando mal-entendidos e acelerando o processo de desenvolvimento. Além disso, a colaboração pode ajudar a aumentar a motivação e o engajamento dos membros da equipe, pois eles estão trabalhando juntos em um objetivo compartilhado.

Um ponto importante do quarto princípio é que a colaboração deve acontecer durante todo o projeto, desde o início até o final. Isso significa que as pessoas de negócio devem estar envolvidas desde o início do processo de desenvolvimento, ajudando a definir os requisitos e prioridades do projeto, e continuando a colaborar com a equipe de desenvolvimento à medida que o projeto avança.

Em resumo, o quarto princípio do manifesto ágil destaca a importância da colaboração diária entre as pessoas de negócio e os desenvolvedores durante todo o projeto, a fim de garantir que o produto final atenda às necessidades do cliente e obtenha sucesso no mercado.

5.   Construa projetos em torno de indivíduos motivados. Dê a eles o ambiente e o suporte necessário e confie neles para fazer o trabalho:

O quinto princípio do Manifesto Ágil destaca a importância de criar um ambiente de trabalho positivo e motivador para os membros da equipe de desenvolvimento. Isso é fundamental para incentivar a inovação, a criatividade e a produtividade, permitindo que a equipe entregue um produto de alta qualidade de forma mais eficiente.

Uma das principais características desse princípio é a confiança depositada na equipe de desenvolvimento. Ao dar autonomia para os membros da equipe, a organização mostra que acredita no potencial deles e que valoriza sua contribuição para o projeto. Isso pode aumentar a motivação e o comprometimento dos profissionais envolvidos, o que se reflete em resultados melhores e mais rápidos.

Além disso, o ambiente de trabalho deve ser projetado para permitir que a equipe de desenvolvimento trabalhe de forma colaborativa e com foco nos objetivos do projeto. Isso inclui fornecer as ferramentas e recursos necessários, como equipamentos de última geração e softwares adequados, além de promover a comunicação clara e transparente entre os membros da equipe.

Em resumo, o quinto princípio destaca que a motivação e o engajamento dos membros da equipe são fundamentais para o sucesso do projeto e que é importante fornecer um ambiente de trabalho favorável para que eles possam realizar seu trabalho com eficácia e eficiência.

6.   O método mais eficiente e eficaz de transmitir informações para e entre uma equipe de desenvolvimento é a conversa cara a cara:

O sexto princípio do manifesto ágil reconhece que a comunicação é fundamental para o sucesso de um projeto de software ágil. Ele destaca a importância da conversa cara a cara como o método mais eficiente e eficaz de transmitir informações entre os membros da equipe de desenvolvimento.

A conversa cara a cara é um método poderoso para comunicar informações, ideias e problemas dentro de uma equipe de desenvolvimento. Isso porque ela permite que as pessoas esclareçam dúvidas imediatamente, forneçam feedback em tempo real e se certifiquem de que todos estão na mesma página. Além disso, a conversa cara a cara ajuda a construir relacionamentos interpessoais mais fortes entre os membros da equipe, o que pode levar a um ambiente de trabalho mais colaborativo e produtivo.

Por outro lado, a comunicação escrita, como e-mails e documentos, pode ser mais demorada e menos eficiente, e pode levar a mal-entendidos. Por isso, o sexto princípio enfatiza que a conversa cara a cara deve ser preferida sempre que possível, e que a equipe deve buscar oportunidades para se comunicar pessoalmente, seja por meio de reuniões presenciais ou por videoconferência.

No geral, o sexto princípio destaca a importância da comunicação clara e direta para o sucesso de um projeto ágil. A conversa cara a cara pode ajudar a garantir que todos na equipe estejam trabalhando juntos de forma eficiente e eficaz, e que os problemas sejam resolvidos rapidamente e de forma colaborativa.

7.   Produto funcionando é a medida primária de progresso:

O sétimo princípio do Manifesto Ágil destaca que o produto funcionando é a medida primária de progresso. Em outras palavras, a equipe de desenvolvimento deve priorizar a entrega de um produto que funcione e que agregue valor ao cliente, em vez de se concentrar em tarefas secundárias que não contribuem diretamente para a entrega do produto, como a documentação.

Isso significa que a equipe de desenvolvimento deve focar em produzir um software que seja útil e efetivo, que atenda às necessidades do cliente e traga benefícios reais para o negócio. A entrega frequente de produto funcionando também é importante, pois permite que o cliente e outros envolvidos no projeto testem e avaliem o software, fornecendo feedback útil para a equipe de desenvolvimento.

O princípio também destaca a importância de medir o progresso do projeto com base no produto em si, e não apenas nas atividades realizadas pela equipe de desenvolvimento. Em outras palavras, a equipe deve se concentrar em entregar valor real e mensurável para o cliente, em vez de apenas seguir um cronograma ou lista de tarefas.

Ao adotar esse princípio, a equipe de desenvolvimento pode se concentrar em entregar valor real para o cliente e obter feedback valioso para melhorar o produto em tempo hábil. Isso ajuda a garantir que o produto atenda às necessidades do cliente e forneça benefícios significativos para o negócio.

8. Os processos ágeis promovem desenvolvimento sustentável. Os patrocinadores, desenvolvedores e usuários devem ser capazes de manter um ritmo constante indefinidamente:

O oitavo princípio do manifesto ágil enfatiza a importância do desenvolvimento sustentável e do ritmo de trabalho constante para a equipe de desenvolvimento, bem como para os patrocinadores e usuários. Isso significa evitar o excesso de trabalho e as práticas insustentáveis, que podem resultar em uma diminuição na qualidade do trabalho e no esgotamento da equipe.

Um dos aspectos mais importantes desse princípio é o reconhecimento de que o desenvolvimento de software é uma maratona, não uma corrida curta. Os processos ágeis devem ser criados com o objetivo de sustentar um ritmo constante de trabalho a longo prazo, em vez de um sprint curto seguido por uma pausa prolongada. Isso requer uma abordagem cuidadosa para gerenciar recursos, definir prazos e estabelecer prioridades.

Além disso, a sustentabilidade também inclui manter um foco na qualidade técnica e no bom design, a fim de evitar acúmulo de dívidas técnicas e retrabalho, o que pode prejudicar o progresso do projeto. A sustentabilidade também é importante do ponto de vista ambiental, social e econômico, o que significa que as equipes de desenvolvimento devem considerar os impactos de longo prazo de suas práticas e decisões.

Em resumo, o oitavo princípio do manifesto ágil enfatiza que a agilidade é um compromisso a longo prazo e que a sustentabilidade é fundamental para manter a equipe de desenvolvimento e o projeto em andamento de maneira constante e produtiva.

9.   Contínua atenção à excelência técnica e bom design aumenta a agilidade:

O nono princípio do manifesto ágil, "Contínua atenção à excelência técnica e bom design aumenta a agilidade", é aplicável a uma ampla variedade de produtos, além de software. Este princípio enfatiza a importância de manter altos padrões de qualidade técnica e de design em todos os aspectos do produto. Isso inclui a seleção de materiais de alta qualidade, a atenção aos detalhes durante o processo de fabricação e a busca por soluções inovadoras que atendam às necessidades do cliente.

Ao priorizar a excelência técnica e o bom design, os fabricantes podem aumentar a satisfação do cliente e a competitividade do produto no mercado. Além disso, manter altos padrões de qualidade ao longo do processo de produção pode ajudar a evitar erros e defeitos que podem levar a atrasos e custos adicionais.

É importante destacar que o princípio de excelência técnica e bom design não se limita apenas à produção do produto em si, mas se estende a todas as áreas do negócio, como vendas, marketing e atendimento ao cliente. Ao manter altos padrões de qualidade em todos os aspectos do negócio, as empresas podem construir uma reputação sólida no mercado e manter uma vantagem competitiva sustentável.

10.   A simplicidade – a arte de maximizar a quantidade de trabalho não realizado – é essencial:

O décimo princípio do manifesto ágil enfatiza a importância da simplicidade na abordagem e na solução de problemas. Simplificar pode ajudar a maximizar o valor entregue ao cliente e a minimizar a complexidade desnecessária. Este princípio é aplicável a qualquer tipo de projeto ou produto, não apenas no contexto de desenvolvimento de software.

Ao buscar a simplicidade, a equipe de desenvolvimento deve identificar e eliminar atividades ou funcionalidades que não agregam valor ao cliente. Isso pode envolver a eliminação de recursos desnecessários ou a simplificação de processos complexos. A equipe também deve ser cuidadosa ao adicionar novas funcionalidades ou complexidades, considerando sempre a complexidade que pode surgir como resultado.

Embora a simplicidade possa parecer fácil, pode ser um desafio na prática. Isso requer que a equipe de desenvolvimento trabalhe em estreita colaboração com o cliente e outras partes interessadas do projeto para identificar o que é essencial e o que não é. É importante lembrar que a simplicidade não deve ser alcançada às custas da qualidade ou da funcionalidade. O objetivo é maximizar o valor entregue ao cliente, enquanto se mantém a qualidade e a eficácia da solução.

Em resumo, o décimo princípio do manifesto ágil destaca a importância da simplicidade na abordagem e na solução de problemas. Simplificar pode ajudar a maximizar o valor entregue ao cliente e a minimizar a complexidade desnecessária, o que é importante em qualquer tipo de projeto ou produto. A simplicidade pode ser alcançada através da identificação e eliminação de atividades ou funcionalidades desnecessárias, bem como pela simplificação de processos complexos.

11.   As melhores arquiteturas, requisitos e designs emergem de equipes auto-organizáveis:

O décimo primeiro princípio do manifesto ágil destaca a importância da auto-organização das equipes de desenvolvimento. Quando as equipes são capazes de se organizar de forma independente e tomar decisões em conjunto, elas podem trabalhar de forma mais eficiente e eficaz. Isso é essencial não apenas para o desenvolvimento de software, mas também para outras áreas de produto.

Ao invés de ter um líder ou gerente de projeto que tome todas as decisões, uma equipe autogerenciável é capaz de tomar decisões de forma colaborativa e encontrar soluções que funcionem para todos os membros da equipe. Isso pode resultar em soluções mais criativas e inovadoras, uma vez que a equipe é capaz de aprender e evoluir juntos.

Além disso, o princípio destaca que as melhores arquiteturas, requisitos e designs emergem organicamente à medida que a equipe trabalha junta e aprende ao longo do processo de desenvolvimento. Isso significa que a equipe deve ser capaz de se adaptar e mudar de acordo com as necessidades do projeto, em vez de seguir rigidamente um plano definido antecipadamente.

Em resumo, a auto-organização é uma abordagem eficaz para encontrar as melhores soluções em arquitetura, requisitos e design, não apenas em software, mas também em outros tipos de produtos. Ao promover a colaboração e a troca de conhecimentos, as equipes são capazes de encontrar soluções criativas e eficazes para problemas complexos, resultando em produtos de alta qualidade que atendam às necessidades dos usuários.

12.   Em intervalos regulares, a equipe reflete sobre como se tornar mais eficaz e então refina e ajusta seu comportamento de acordo:

O décimo segundo princípio do manifesto ágil destaca a importância da reflexão e da melhoria contínua. Esse princípio incentiva a equipe a refletir regularmente sobre seu processo de desenvolvimento, suas práticas e seu desempenho, a fim de identificar áreas de melhoria e ajustar seu comportamento de acordo.

A reflexão pode ocorrer em diferentes níveis, desde a revisão do desempenho individual até a avaliação da eficácia do processo de desenvolvimento como um todo. As equipes ágeis podem usar várias técnicas para aprimorar a reflexão, como retrospectivas, revisões de sprint e revisões de produto.

A reflexão é uma parte fundamental do processo ágil, pois permite que a equipe identifique e resolva problemas à medida que surgem, em vez de deixá-los acumular e se tornarem problemas maiores no futuro. Além disso, a reflexão ajuda a equipe a aprender com suas experiências e aprimorar suas práticas e processos para obter melhores resultados no futuro.

Em resumo, o décimo segundo princípio do manifesto ágil enfatiza a importância da melhoria contínua e da reflexão constante para o sucesso da equipe de desenvolvimento. As equipes que incorporam a reflexão e a melhoria contínua em sua abordagem de trabalho estão melhor equipadas para lidar com desafios e entregar valor de maneira consistente.

Cada princípio tem sua importância e seu significado dentro da metodologia ágil, mas todos eles são interdependentes e trabalham juntos para garantir o sucesso do projeto.

Hoje, mais de 20 anos após a criação do Manifesto Ágil, ele continua sendo uma referência no mundo do desenvolvimento de software e tem ajudado empresas a implementarem práticas ágeis que permitem uma maior adaptabilidade, flexibilidade e rapidez em suas entregas. Conhecer a história por trás do Manifesto e compreender seus valores e princípios é essencial para quem deseja se aprofundar nessa cultura e adotar práticas mais ágeis em seu dia a dia.

2.5. Razões para adotar o Scrum, desafios na implementação e como as organizações medem o sucesso

O Scrum é um framework que tem sido amplamente adotado por empresas de diferentes setores e tamanhos, com o objetivo de melhorar a eficiência e eficácia em seus processos de desenvolvimento de produtos e serviços. A seguir, serão apresentados alguns benefícios, desafios e formas de medir o sucesso na implementação do Scrum.

Principais razões pelas quais as organizações adotam o Scrum:

• **Maior transparência e visibilidade do projeto:** Uma das principais vantagens do Scrum é a transparência do processo. Através de reuniões diárias, revisões de sprint e retrospectivas, toda a equipe tem acesso a informações atualizadas sobre o status do projeto. Isso permite que todos trabalhem juntos para garantir que o projeto seja entregue dentro do prazo e dentro do orçamento.

• **Melhoria na comunicação e colaboração da equipe:** O Scrum promove uma abordagem colaborativa ao trabalho em equipe, o que leva a uma comunicação mais efetiva entre os membros da equipe. Com o Scrum, as equipes se tornam auto-organizadas, o que significa que têm a responsabilidade de resolver problemas juntos, trabalhar em equipe e garantir que as tarefas sejam concluídas a tempo.

• **Maior flexibilidade e capacidade de adaptação:** O Scrum é projetado para ser flexível e adaptável, permitindo que as equipes de desenvolvimento respondam rapidamente às mudanças no ambiente do projeto. Isso significa que as equipes podem lidar com mudanças de prioridade, requisitos ou problemas sem precisar reiniciar o projeto do zero.

• **Melhoria na qualidade do produto:** O Scrum incentiva a entrega contínua de software funcionando em cada sprint, o que permite que a equipe teste e avalie o produto em tempo real. Isso ajuda a garantir que os requisitos do cliente sejam atendidos e que o produto final seja de alta qualidade.

- **Redução de riscos e custos:** Com o Scrum, as equipes trabalham em ciclos curtos e iterativos, permitindo que problemas sejam identificados e resolvidos rapidamente. Isso ajuda a reduzir o risco de fracasso do projeto e a minimizar os custos envolvidos.

- **Maior engajamento do cliente:** O Scrum promove a colaboração entre a equipe de desenvolvimento e o cliente, permitindo que este último tenha uma participação ativa no processo de desenvolvimento. Isso pode ajudar a garantir que o produto final atenda às suas necessidades e expectativas.

- **Redução do tempo e custos de desenvolvimento:** Com o Scrum, as equipes trabalham em ciclos curtos e iterativos, o que pode levar a uma redução no tempo e nos custos de desenvolvimento. Isso pode ser medido através da análise da economia de tempo e dos custos envolvidos no projeto.

- **Maior produtividade:** A adoção do Scrum permite que as equipes trabalhem de forma mais eficiente e colaborativa, com maior foco em resultados e menos desperdício de tempo e recursos.

Principais desafios e barreiras encontrados pelas organizações para se implementar Scrum:

- **Mudança cultural:** A implementação do Scrum requer uma mudança cultural significativa, pois exige que as equipes trabalhem de maneira mais colaborativa e autogerenciada. Isso pode levar algum tempo para se acostumar e pode exigir uma mudança na cultura organizacional.

- **Falta de suporte da liderança:** Para que o Scrum seja implementado com sucesso, a liderança da empresa deve apoiar a abordagem e fornecer os recursos necessários. Se a liderança não está totalmente comprometida com a abordagem, pode ser difícil para a equipe implementá-la com sucesso.

- **Falta de treinamento e capacitação:** O Scrum é uma metodologia complexa e pode exigir treinamento e capacitação adequados para ser implementado com sucesso. Sem o treinamento adequado, a equipe pode ter dificuldade em entender o processo e suas funções no projeto.

- **Resistência à mudança:** Algumas pessoas podem resistir à mudança, especialmente se estiverem acostumadas a trabalhar com metodologias tradicionais. Isso pode levara um sentimento de insegurança ou medo sobre a mudança e pode afetar negativamente a implementação do Scrum.

- **Dificuldades na estimativa de tempo e esforço:** O Scrum exige que as equipes trabalhem em ciclos curtos, o que pode tornar a estimativa de tempo e esforço um pouco desafiadora no início. Isso pode afetar a capacidade da equipe de cumprir o prazo do projeto.

- **Comunicação inadequada:** Uma comunicação inadequada entre a equipe de desenvolvimento e o cliente pode afetar negativamente a implementação do Scrum. É essencial que o cliente esteja envolvido no processo desde o início e que haja uma comunicação clara e aberta entre as partes durante todo o projeto.

Como as organizações medem o sucesso depois da implementação do Scrum:

- **Entrega de produto funcionando:** Uma das principais medidas de sucesso do Scrum é a entrega contínua de produto funcionando em cada sprint. Isso pode ser medido através da análise da qualidade do produto final e do feedback dos clientes.

- **Satisfação do cliente:** O Scrum promove a colaboração entre a equipe de desenvolvimento e o cliente, o que pode levar a um produto final que atenda às necessidades e expectativas do cliente. A satisfação do cliente pode ser medida através do feedback e da taxa de retenção do cliente.

- **Aumento da produtividade:** O Scrum é projetado para aumentar a produtividade da equipe, permitindo que ela trabalhe de maneira mais eficiente e eficaz. Isso pode ser medido através da análise da velocidade da equipe e da taxa de conclusão de tarefas.

- **Redução do tempo e custos de desenvolvimento:** Com o Scrum, as equipes trabalham em ciclos curtos e iterativos, o que pode levar a uma redução no tempo e nos custos de desenvolvimento. Isso pode ser medido através da análise da economia de tempo e dos custos envolvidos no projeto.

- **Melhoria na qualidade do produto:** O Scrum incentiva a entrega contínua de software funcionando em cada sprint, o que permite que a equipe teste e avalie o produto em tempo real. Isso pode levar a uma melhoria na qualidade do produto final, que pode ser medida através da análise da taxa de defeitos e da satisfação do cliente.

- **Engajamento e satisfação da equipe:** O Scrum promove uma abordagem colaborativa ao trabalho em equipe, o que pode levar a um aumento no engajamento e na satisfação da equipe. Isso pode ser medido através da análise do feedback e da taxa de rotatividade da equipe.

- **Retorno sobre investimento (ROI):** A análise do ROI pode ajudar a medir o sucesso financeiro da implementação do Scrum, considerando o aumento na eficiência e produtividade da equipe e a redução de retrabalhos e desperdícios.

Em resumo, implementar o Scrum pode trazer diversos benefícios para as empresas, como maior eficiência e transparência no processo de desenvolvimento de produtos e serviços. No entanto, é importante estar ciente das barreiras e desafios que podem surgir durante a implementação. A mensuração do sucesso deve ser feita não apenas com base em métricas quantitativas, mas também levando em consideração a satisfação e o engajamento da equipe.

2.6. Framework, filosofia e metodologias – Conceitos e diferenças

Muitos profissionais ainda têm dúvidas e se confundem sobre o que é um framework, uma filosofia e uma metodologia. Isso pode gerar muita confusão e dificultar a compreensão sobre como aplicar cada um deles em diferentes contextos.

Normalmente, utilizamos a palavra "metodologia" para nos referirmos a todos esses conceitos, mas isso não é um problema. O importante é entendermos as diferenças entre eles e como cada um pode ser útil em diferentes situações.

- **Framework:** Um framework é um conjunto de conceitos, práticas e ferramentas que são utilizados para solucionar um problema específico. Ele fornece uma estrutura para a organização e execução de um projeto, sem ser um guia detalhado de como fazer cada tarefa. Um exemplo disso é o Scrum, que é um framework utilizado para gerenciamento de projetos ágeis.

Resumo:

- Fornecem uma estrutura de alto nível para a organização e execução de um projeto;

- Não fornecem detalhes sobre como executar cada tarefa;

- Exemplo: Scrum, Kanban e XP.

- **Filosofia:** Uma filosofia é um conjunto de crenças e valores que orientam o pensamento e as ações de uma organização. Ela não fornece uma estrutura específica para a execução de tarefas, mas sim uma visão mais ampla sobre como a organização deve funcionar. Um exemplo de filosofia é o Lean, que se baseia na redução de desperdícios e na melhoria contínua.

Resumo:

- Fornecem uma visão ampla sobre como a organização deve funcionar;

- Não fornecem uma estrutura específica para a execução de tarefas;

- Exemplo: Lean e Six Sigma.

- **Metodologia:** Uma metodologia é um conjunto de práticas, procedimentos e técnicas que são utilizados para executar tarefas específicas. Ela fornece uma abordagem detalhada sobre como fazer cada tarefa, com o objetivo de maximizar a eficiência e a qualidade do trabalho. Um exemplo de metodologia é o PMBOK, que é utilizado para gerenciamento de projetos e fornece um guia detalhado de como fazer cada tarefa.

Resumo:

- Fornecem uma abordagem detalhada sobre como executar cada tarefa

- Têm como objetivo maximizar a eficiência e qualidade do trabalho

- Exemplo: Waterfall, PMBOK, PRINCE2,

É importante lembrar que, mesmo sendo conceitos diferentes, um não exclui o outro. É possível utilizar uma metodologia dentro de um framework e seguir uma filosofia para orientar o pensamento e as ações da organização. O importante é entendermos as diferenças entre cada um e como eles podem ser úteis em diferentes contextos.

2.7. Scrum muito além da área de software

O Scrum, inicialmente desenvolvido como uma metodologia ágil para o mundo do software, conquistou um espaço significativo ao longo dos anos e expandiu seus horizontes para além desse setor específico. O sucesso e os benefícios alcançados na gestão de projetos de software abriram as portas para a aplicação do Scrum em uma ampla variedade de áreas e setores. Hoje em dia, o Scrum é reconhecido como uma abordagem eficaz e flexível para impulsionar a colaboração, a eficiência e a entrega de resultados de alta qualidade, independentemente do tipo de projeto.

À medida que as organizações buscam maneiras de aumentar sua agilidade, adaptar-se às mudanças rápidas do mercado e otimizar o uso de recursos, o Scrum tem se mostrado uma metodologia versátil e adaptável para atender a essas demandas. Seus princípios e práticas podem ser aplicados a projetos que vão desde o desenvolvimento de produtos físicos até a gestão de equipes criativas, passando por áreas como marketing, educação, saúde, finanças e muitas outras.

Neste contexto, exploraremos como o Scrum pode ser implementado em diversas áreas e setores, destacando seu potencial transformador e os benefícios que traz para a gestão de projetos. Veremos que, independentemente do campo de atuação, o Scrum oferece uma estrutura ágil para o planejamento, execução e entrega de projetos, promovendo a colaboração, a transparência e a melhoria contínua.

Ao adotar o Scrum, as equipes têm a oportunidade de abraçar uma mentalidade ágil, onde a comunicação, a colaboração e a adaptação são valorizadas. Os resultados obtidos vão além da eficiência operacional, alcançando níveis mais altos de satisfação do cliente, inovação e competitividade. Portanto, é hora de reconhecer que o Scrum vai muito além do mundo de software e explorar suas possibilidades em diversas áreas, para impulsionar o sucesso e alcançar excelência nos projetos.

Dentre as diversas áreas que o Scrum pode ser aplicado com eficácia, podemos destacar:

- **Desenvolvimento de Produto:** Além do desenvolvimento de software, o Scrum pode ser usado para criar produtos físicos, como dispositivos eletrônicos, equipamentos industriais, automóveis, entre outros. Ele permite uma abordagem iterativa e colaborativa para a concepção, fabricação e lançamento de novos produtos, garantindo que as necessidades dos clientes sejam atendidas de forma ágil e eficiente.

- **Marketing e Publicidade:** Equipes de marketing e publicidade podem se beneficiar do Scrum ao desenvolver campanhas e estratégias de promoção. O Scrum facilita a organização e o gerenciamento de tarefas, priorização de atividades, coordenação de equipes e acompanhamento do progresso das iniciativas de marketing, resultando em entregas mais consistentes e alinhadas aos objetivos da empresa.

- **Recursos Humanos e Gestão de Pessoas:** O Scrum pode ser aplicado no setor de Recursos Humanos, ajudando a gerenciar projetos relacionados à gestão de pessoas, recrutamento e seleção, treinamentos e desenvolvimento, avaliação de desempenho e planejamento de carreira. Ele promove a colaboração entre equipes, facilita a comunicação eficaz e permite a adaptação rápida às necessidades em constante evolução dos funcionários e da organização.

- **Setor Educacional:** O Scrum pode ser aplicado no setor educacional para melhorar o processo de ensino e aprendizagem. Por exemplo, os professores podem organizar sprints para desenvolver e entregar materiais didáticos, criar cronogramas de aulas e projetos, e promover a colaboração entre os alunos por meio de atividades ágeis e interativas.

- **Setor Financeiro:** No setor financeiro, o Scrum pode ser aplicado em projetos de desenvolvimento de produtos financeiros, como aplicativos bancários, sistemas de gestão de investimentos e soluções de pagamento. A metodologia ágil permite a adaptação rápida às mudanças regulatórias, às necessidades dos clientes e às demandas do mercado, garantindo a entrega de soluções inovadoras e de alta qualidade.

- **Saúde e Medicina:** Em ambientes de saúde e medicina, o Scrum pode ser utilizado para otimizar processos hospitalares, desenvolver software médico, gerenciar projetos de pesquisa clínica e melhorar a coordenação de equipes multidisciplinares. Essa abordagem ágil permite uma resposta mais ágil às necessidades dos pacientes, aprimorando a qualidade do atendimento e a eficiência dos serviços de saúde.

- **Setor de Eventos:** Na organização de eventos, como conferências, festivais e exposições, o Scrum pode ser aplicado para garantir uma gestão eficiente de todas as etapas do projeto. Desde o planejamento até a execução, o Scrum permite a definição de objetivos claros, o acompanhamento do progresso, a resolução ágil de problemas e a entrega de eventos de sucesso, atendendo às expectativas dos participantes e dos organizadores.

- **Construção Civil e Engenharia:** O Scrum também pode ser aplicado no desenvolvimento de projetos de infraestrutura, como construção de estradas, edifícios e instalações. A metodologia ágil permite uma gestão mais eficiente dos recursos, uma melhor coordenação entre as equipes e uma resposta mais ágil a mudanças e imprevistos. Isso resulta em um processo de construção mais eficiente, com entregas de alta qualidade e dentro do prazo.

Independentemente da área em que você atua, os princípios e práticas apresentados neste livro sobre o Scrum têm o potencial de serem aplicados e adaptados ao contexto do seu trabalho. O Scrum é uma metodologia que vai além do mundo do software, abrangendo uma ampla gama de setores e projetos.

Ao explorar os diversos tópicos abordados neste livro, você terá acesso a estratégias, técnicas e insights que podem ser utilizados para impulsionar a eficiência, a colaboração e a entrega de resultados de alta qualidade. A mentalidade ágil promovida pelo Scrum é um diferencial em um mundo cada vez mais complexo e volátil, permitindo que você se adapte rapidamente às mudanças, otimize o uso de recursos e alcance os objetivos do seu projeto de forma eficaz.

Seja você um profissional da área de TI, gestor de projetos, empreendedor, educador, profissional de saúde, marketing ou qualquer outra área, as lições aprendidas com o Scrum podem ser aplicadas em sua realidade. A busca pela melhoria contínua, a valorização da colaboração e o foco na entrega de valor ao cliente são princípios universais que podem impulsionar o sucesso em qualquer campo de atuação.

Portanto, convido você a mergulhar neste livro, explorar os tópicos apresentados e adaptar as práticas do Scrum ao seu contexto de trabalho. Esteja aberto a desafiar as formas tradicionais de gerenciamento de projetos, experimentar novas abordagens e transformar sua equipe em uma equipe de alta performance.

Lembre-se de que o sucesso no Scrum não é apenas sobre seguir um conjunto de regras, mas sim sobre abraçar uma mentalidade ágil, centrada na colaboração, na transparência e na busca incessante pela melhoria. Ao aplicar os conceitos do Scrum em seu trabalho, você estará no caminho para alcançar resultados excepcionais e se destacar em seu campo de atuação.

Portanto, independentemente da área em que você atua, o conhecimento adquirido neste livro sobre o Scrum será uma ferramenta valiosa para impulsionar o sucesso e alcançar a excelência em seus projetos. Esteja aberto a novas possibilidades, abrace a mentalidade ágil e aproveite os benefícios transformadores que o Scrum pode trazer para o seu trabalho. Estou confiante de que você estará preparado para enfrentar os desafios do mundo atual e levar seus projetos a um novo patamar de excelência.

3. SCRUM MUITO ALÉM DO GUIA

3.1. Certificações

Se você está se perguntando se vale a pena tirar uma certificação, a reposta é Sim!

As certificações em Scrum, como a de Scrum Master e Product Owner, são uma forma de validar e comprovar sua compreensão e domínio do framework, além de indicar para o mercado de trabalho que você possui uma formação e habilidades específicas para liderar equipes ágeis e gerenciar projetos.

Além disso, buscar uma certificação exige um estudo aprofundado e uma compreensão mais profunda do Scrum e dos valores e princípios ágeis, o que pode ajudar você a se destacar no mercado de trabalho e aprimorar suas habilidades.

Existem diversas certificações reconhecidas relacionadas ao Scrum, que são oferecidas por diferentes instituições. Essas certificações visam a comprovação do conhecimento e habilidades dos profissionais em relação ao framework Scrum.

A seguir, apresentamos algumas das principais certificações e informações sobre como obtê-las:

Scrum Alliance: É uma das instituições mais conhecidas no mercado e oferece diferentes níveis de certificação, como:

- **Certified Scrum Master (CSM):** É uma certificação que atesta que o profissional possui conhecimentos sobre a teoria e prática do Scrum. Para obtê-la, é necessário participar de um curso oficial da Scrum Alliance, ministrado por um Certified Scrum Trainer (CST), e passar no exame online.

- **Certified Scrum Product Owner (CSPO):** É uma certificação que atesta que o profissional possui conhecimentos sobre como maximizar o valor entregue pelo produto ao cliente. Para obtê-la, é necessário participar de um curso oficial da Scrum Alliance, ministrado por um Certified Scrum Trainer (CST), e passar no exame online.

- **Certified Scrum Developer (CSD):** É uma certificação que atesta que o profissional possui conhecimentos técnicos para trabalhar em equipes Scrum. Para obtê-la, é necessário participar de um curso oficial da Scrum Alliance, ministrado por um Certified Scrum Trainer (CST), e passar em uma avaliação prática.

Scrum.org: É outra instituição que oferece certificações relacionadas ao Scrum, sendo as principais:

- **Professional Scrum Master (PSM):** é uma certificação que atesta que o profissional possui conhecimentos avançados sobre o Scrum e sua aplicação. Para obtê-la, é necessário passar em um exame online.

- **Professional Scrum Product Owner (PSPO):** é uma certificação que atesta que o profissional possui conhecimentos avançados sobre como maximizar o valor entregue pelo produto ao cliente. Para obtê-la, é necessário passar em um exame online.

- **Professional Scrum Developer (PSD):** é uma certificação que atesta que o profissional possui conhecimentos técnicos para trabalhar em equipes Scrum. Para obtê-la, é necessário participar de um curso oficial da Scrum.org e passar em um exame online.

PMI: É uma instituição que oferece a certificação Agile Certified Practitioner (PMI-ACP), que atesta que o profissional possui conhecimentos avançados em metodologias ágeis, incluindo o Scrum. Para obtê-la, é necessário comprovar experiência em projetos ágeis e passar em um exame online.

As certificações geralmente possuem uma validade de dois anos, sendo necessário renová-las por meio de atividades de educação continuada. O tempo de curso para obter a certificação varia de acordo com a certificadora e o nível de certificação desejado.

É importante destacar que a obtenção de certificações não é obrigatória para se trabalhar com o Scrum, mas pode ser um diferencial importante no mercado. Além disso, as certificações podem ajudar os profissionais a aprimorar seus conhecimentos e habilidades em relação ao Scrum, o que pode contribuir para o sucesso dos projetos.

3.2. O que é o Scrum

Em resumo, o Scrum é um framework ágil de gerenciamento de projetos baseado em duas filosofias, Empirismo e no Lean Thinking. Ele tem sido amplamente utilizado por equipes de desenvolvimento de software para gerenciar e executar projetos complexos de forma mais eficiente, proporcionando uma estrutura flexível e adaptável para gerenciamento de projetos complexos e em constante mudança.

O Scrum é baseado em três pilares: transparência, inspeção e adaptação. Transparência significa que todos os aspectos do processo devem ser visíveis para todas as partes envolvidas, permitindo que todos trabalhem em conjunto para alcançar os objetivos do projeto. A inspeção significa que o progresso do projeto é avaliado regularmente para garantir que ele esteja no caminho certo e que as mudanças necessárias sejam feitas rapidamente. A adaptação significa que o processo é adaptado às mudanças ao longo do tempo para garantir que a equipe esteja sempre trabalhando no projeto certo.

O Scrum é altamente iterativo e incremental, o que significa que os projetos são divididos em pequenas partes e entregues em ciclos curtos e regulares. Cada ciclo é chamado de sprint e geralmente dura de uma a quatro semanas. Durante cada sprint, a equipe trabalha em um conjunto de itens do backlog do produto, uma lista priorizada de tarefas a serem realizadas, para produzir uma entrega parcialmente concluída do produto final.

O Scrum é altamente colaborativo e depende muito da comunicação e interação entre os membros da equipe. Cada membro da equipe tem um papel definido, incluindo o Scrum Master, que é responsável por garantir que a equipe esteja aderindo aos princípios e práticas do Scrum, o Product Owner, que é responsável por garantir que as necessidades do cliente sejam atendidas, e a equipe de desenvolvimento, que é responsável por executar as tarefas do sprint e produzir a entrega parcialmente concluída do produto final.

Em resumo, o Scrum é uma abordagem ágil que oferece uma estrutura flexível e adaptável para gerenciamento de projetos, permitindo que as equipes trabalhem de maneira mais eficiente e produzam resultados de alta qualidade em ciclos curtos e regulares.

3.3. As bases do Scrum – Empirismo e Lean Thinking

Muitas empresas falham ao tentar implementar o Scrum porque não entendem a filosofia por trás do framework, que é baseada em duas abordagens: o Lean e o Empirismo.

Cada papel, evento e artefato no Scrum possui elementos dessas filosofias, por isso é tão importante entender a fundo o que elas representam. Sem esse conhecimento, é quase impossível implementar o Scrum com sucesso.

Compreender a filosofia Lean e o Empirismo não apenas ajuda a implementar o Scrum, mas também fornece um alicerce sólido para a melhoria contínua e a entrega de valor em outras áreas de negócios.

3.3.1. Empirismo

O Empirismo é uma das bases fundamentais do Scrum, pois é através dele que se pode entender a importância da inspeção e adaptação constantes, dois pilares do framework. O Empirismo é uma corrente filosófica que surgiu na Grécia antiga, com Aristóteles, e que defende que todo conhecimento é baseado na experiência e na observação do mundo físico.

No século XVII, o filósofo inglês Francis Bacon desenvolveu uma teoria mais completa e sistemática sobre o empirismo. Ele acreditava que a verdadeira natureza das coisas só pode ser descoberta através da experimentação e da observação dos fenômenos naturais, rejeitando a ideia de que o conhecimento pode ser obtido apenas por meio de especulações teóricas ou raciocínios abstratos.

Com o passar do tempo, outros pensadores também contribuíram para o desenvolvimento do Empirismo, como John Locke, David Hume e George Berkeley. Todos eles acreditavam que a observação e a experiência eram os principais meios para se obter conhecimento, e que as ideias e teorias devem ser testadas na prática para se comprovar sua validade.

Essa abordagem é muito importante para o Scrum, pois ele se baseia na inspeção e adaptação constantes. Ou seja, é preciso observar e analisar constantemente o processo de desenvolvimento, verificando se ele está funcionando como deveria e realizando ajustes sempre que necessário. Isso permite que o time Scrum seja capaz de adaptar-se rapidamente às mudanças, sejam elas nos requisitos do projeto ou nas condições do mercado.

Nos próximos capítulos, iremos detalhar cada evento do Scrum, mas de forma resumida é possível observar exemplos de como os três pilares do Empirismo são aplicados:

1.   Reunião de Planejamento do Sprint

Transparência: O Product Owner apresenta o Backlog do Produto com as prioridades e explicações necessárias para que a equipe possa entendê-lo.

Inspeção: A equipe inspeciona o Backlog do Produto para definir quais itens serão trabalhados no Sprint e estabelece uma meta de Sprint que será alcançada.

Adaptação: A equipe adapta a meta do Sprint e o Backlog do Produto, caso necessário, para garantir que possa cumprir a entrega no final do Sprint.

2.   Daily Scrum

Transparência: Cada membro da equipe explica o que fez no dia anterior, o que pretende fazer no dia atual e se existem impedimentos que o impeçam de cumprir a meta do Sprint.

Inspeção: A equipe inspeciona o andamento do trabalho e identifica as necessidades de adaptação que precisam ser feitas para que a meta do Sprint possa ser cumprida.

Adaptação: A equipe adapta o plano de trabalho para garantir que a meta do Sprint seja alcançada, removendo impedimentos ou ajustando o Backlog do Sprint.

3.   **Revisão do Sprint**

Transparência: A equipe apresenta a entrega parcialmente concluída do produto finalizada durante o Sprint, incluindo as funcionalidades desenvolvidas e as que não foram concluídas.

Inspeção: O Product Owner inspeciona a entrega do Sprint e avalia se ela está de acordo com as suas expectativas e necessidades do cliente.

Adaptação: Com base no feedback do Product Owner, a equipe adapta o Backlog do Produto, a meta do Sprint e o plano de trabalho para o próximo Sprint.

4.   **Retrospectiva do Sprint**

Transparência: A equipe discute o que foi bem e o que precisa melhorar no último Sprint, identificando os pontos fortes e fracos do processo.

Inspeção: A equipe inspeciona o processo utilizado no último Sprint e avalia as práticas e ferramentas que foram efetivas e as que precisam ser aprimoradas.

Adaptação: A equipe define planos de ação para melhorar o processo no próximo Sprint, adaptando as práticas e ferramentas para otimizar a produtividade e a qualidade do produto final.

Além disso, a metodologia Scrum também utiliza a abordagem empírica para a gestão de riscos. Através da inspeção e adaptação constante, o time é capaz de identificar possíveis problemas e ajustar sua estratégia para minimizar os impactos. Dessa forma, é possível ter mais controle sobre o projeto e garantir que ele seja entregue dentro do prazo e do orçamento estabelecidos.

Em resumo, o Empirismo é uma das bases fundamentais do Scrum, pois ele permite a inspeção e adaptação constantes do processo de desenvolvimento. Ao entender a importância da observação e experimentação, é possível criar produtos de alta qualidade, que atendam às necessidades do cliente e sejam entregues dentro do prazo e do orçamento estabelecidos.

3.3.2. Lean Thinking

A filosofia Lean Thinking, ou Pensamento Enxuto em português, é uma abordagem de gestão de processos que busca a eficiência através da eliminação de desperdícios e do aumento da qualidade. Ela surgiu no final da década de 1940, com a criação do Sistema Toyota de Produção no Japão, desenvolvido por Taiichi Ohno e Eiji Toyoda. A filosofia lean ficou mundialmente conhecida em 1990, com a publicação do livro "A Máquina que Mudou o Mundo", escrito por James Womack, Daniel Jones e Daniel Roos.

O Lean é uma filosofia que se baseia em eliminar desperdícios e buscar a melhoria contínua, tendo como principal objetivo a criação de valor para o cliente. Os cinco princípios que sustentam o Lean Thinking são:

1. **Valor:**

O primeiro princípio do Lean Thinking é "valor". Ele destaca a importância de entender o que o cliente considera valioso e, a partir dessa compreensão, definir os processos que serão utilizados para produzir o produto final. Em outras palavras, o valor é definido pelo cliente e é a partir dessa definição que as atividades são planejadas.

A abordagem do valor é central para o Lean Thinking. Em vez de se concentrar nos processos e nas atividades individuais que compõem a produção, a filosofia Lean prioriza o valor que é criado para o cliente. O objetivo é minimizar o desperdício e maximizar o valor, o que significa produzir produtos e serviços que atendam às necessidades do cliente de maneira eficiente e eficaz.

Uma das principais implicações do valor como primeiro princípio do Lean Thinking é que a equipe deve estar constantemente se perguntando se cada atividade que realiza acrescenta valor ao produto final ou não. Isso significa que os processos devem ser constantemente avaliados e melhorados para garantir que o valor seja entregue de forma consistente.

Para o Lean Thinking, o valor não é algo que possa ser determinado pela equipe de desenvolvimento ou pelos gerentes. É o cliente que define o que é valioso para ele e, portanto, é a partir dessa definição que a equipe deve planejar suas atividades. Dessa forma, o primeiro valor do Lean Thinking está alinhado com a abordagem centrada no cliente e na entrega de valor que é comum nas metodologias ágeis.

Em resumo, o primeiro valor do Lean Thinking destaca a importância de entender e entregar o valor que o cliente espera. É uma abordagem que coloca o cliente no centro do processo de produção e ajuda a equipe a criar produtos e serviços eficientes e eficazes que atendam às necessidades do cliente.

2.   Fluxo de valor:

O segundo valor do Lean Thinking, o fluxo de valor, é um conceito chave para aprimorar a eficiência de processos produtivos e reduzir o tempo de produção de um produto. O objetivo do fluxo de valor é identificar todas as atividades que são realizadas para produzir um produto ou serviço e analisar como elas podem ser melhoradas.

O fluxo de valor é um mapa visual que ilustra todas as etapas necessárias para transformar matérias-primas em produtos acabados, incluindo todas as atividades, recursos e informações necessárias para completar o processo. O mapa de fluxo de valor é criado em colaboração com a equipe que realiza o processo, e permite que todos tenham uma visão clara e objetiva de todo o processo.

Uma vez mapeado, o fluxo de valor permite que a equipe identifique quais atividades agregam valor e quais não agregam, ajudando a eliminar aquelas que não são essenciais para a produção. Isso pode ajudar a reduzir o tempo de produção, melhorar a eficiência do processo e reduzir custos desnecessários. O fluxo de valor também pode ajudar a identificar gargalos no processo, permitindo que a equipe se concentre em melhorar essas áreas críticas.

Em resumo, o valor do fluxo de valor no Lean Thinking é criar um processo de produção mais eficiente, no qual todas as atividades agreguem valor e contribuam para a entrega de um produto final de qualidade ao cliente.

3.   Fluxo contínuo:

O terceiro valor do Lean Thinking é o fluxo contínuo, que busca garantir a produção constante e ininterrupta, sem atrasos, interrupções ou gargalos. Isso é alcançado por meio da eliminação de desperdícios, da padronização dos processos e da utilização de técnicas que permitam uma produção mais ágil e eficiente.

Uma das ferramentas utilizadas para alcançar o fluxo contínuo é o Kanban, que é uma técnica de controle visual que permite acompanhar o fluxo de trabalho em um processo produtivo. O Kanban permite que a equipe visualize o status das atividades em andamento e identifique possíveis gargalos, o que permite ajustes rápidos e melhorias no fluxo de trabalho.

Além disso, o fluxo contínuo também está relacionado à redução dos estoques e ao aumento da flexibilidade na produção. Ao manter o fluxo constante de produção, a necessidade de manter grandes estoques é reduzida, o que traz benefícios como a diminuição de custos e a otimização do espaço físico da empresa.

O fluxo contínuo também permite que a equipe se adapte rapidamente às mudanças de demanda do mercado e às necessidades dos clientes. Com uma produção mais ágil e flexível, a empresa pode ajustar sua oferta de produtos e serviços de acordo com as demandas do mercado, mantendo-se competitiva e gerando valor para o cliente.

4.   Produção Puxada:

O quarto valor do Lean Thinking é a produção puxada, que é uma técnica que permite produzir somente o que é necessário, quando necessário e na quantidade necessária. Essa abordagem difere da produção em massa, na qual os produtos são fabricados em grandes lotes, independentemente da demanda real.

A produção puxada baseia-se no princípio de que o produto deve ser produzido somente quando há uma demanda real do cliente. Isso significa que o processo de produção é acionado pela solicitação do cliente, em vez de ser acionado pela programação de produção. Essa técnica permite que as empresas evitem a superprodução, reduzindo os custos associados ao armazenamento e transporte de produtos não vendidos.

A produção puxada está diretamente relacionada ao valor anterior do Lean Thinking, o Fluxo Contínuo. Quando o fluxo contínuo é estabelecido, a produção puxada é mais facilmente implementada. Isso ocorre porque a produção puxada depende da disponibilidade de informações em tempo real sobre o que o cliente deseja e quando deseja. Quando o fluxo contínuo é estabelecido, a informação flui de forma contínua e eficiente ao longo do processo de produção, permitindo que a produção seja acionada pela demanda real do cliente.

A produção puxada também depende de uma comunicação efetiva entre todas as partes envolvidas no processo de produção. A demanda precisa ser comunicada com precisão para os fornecedores de matérias-primas, para que possam fornecer as quantidades necessárias no momento certo. Além disso, é importante que os produtores e fornecedores trabalhem juntos para garantir que a produção ocorra sem problemas.

A produção puxada é uma abordagem comum no Lean Thinking e é frequentemente usada em conjunto com outras técnicas Lean para melhorar a eficiência e a eficácia dos processos de produção. Com a produção puxada, as empresas podem se concentrar em produzir somente o que é necessário e quando é necessário, permitindo que atendam melhor as necessidades de seus clientes, reduzam os custos associados à superprodução e melhorem a eficiência geral do processo de produção.

5.   Melhoria contínua:

O quinto valor do Lean Thinking, a Melhoria Contínua, é uma filosofia que busca aperfeiçoar constantemente os processos e eliminar os desperdícios, com o objetivo de alcançar a eficiência máxima. Esse valor está baseado na premissa de que sempre há espaço para melhorar e, para isso, é necessário criar um ambiente de trabalho que permita a colaboração entre os funcionários e a constante busca por soluções inovadoras.

A Melhoria Contínua é um processo que nunca termina, pois sempre há algo a ser melhorado. Ela é essencial para manter uma empresa competitiva e adaptável às mudanças do mercado e das necessidades dos clientes. A ideia é que cada vez que uma solução é encontrada para um problema ou desperdício identificado, novos desafios surgem e novas melhorias podem ser feitas.

Para alcançar a Melhoria Contínua, é necessário que a empresa adote uma cultura de aprendizado contínuo. Isso significa que os funcionários devem estar abertos a receber feedback, a avaliar seu próprio desempenho e a buscar constantemente novas formas de aprimorar seus processos.

Uma das ferramentas utilizadas para alcançar a Melhoria Contínua é o Kaizen, que é um processo de melhoria contínua baseado na colaboração e na comunicação entre os funcionários. O objetivo do Kaizen é identificar e eliminar os desperdícios e as atividades que não agregam valor, melhorando continuamente os processos.

Outra ferramenta importante para alcançar a Melhoria Contínua é o Ciclo PDCA (Plan, Do, Check, Act), que é um processo estruturado de resolução de problemas que visa identificar oportunidades de melhoria, definir um plano de ação, implementar esse plano, verificar os resultados e agir para manter a melhoria.

Em resumo, a Melhoria Contínua é um valor fundamental do Lean Thinking que busca criar um ambiente de trabalho colaborativo e inovador, no qual os funcionários estão sempre em busca de soluções para melhorar seus processos e eliminar desperdícios. A adoção dessa filosofia pode trazer grandes benefícios para as empresas, como a redução de custos, a melhoria da qualidade dos produtos e serviços e a satisfação do cliente.

Cada um desses princípios é fundamental para o sucesso do Lean Thinking e deve ser aplicado em conjunto para que os resultados sejam alcançados. A partir desses princípios, é possível criar um ambiente de trabalho mais produtivo, que valoriza a colaboração e a busca por soluções inovadoras.

No contexto do Scrum, o Lean Thinking está presente em cada um dos Papeis, Eventos e Artefatos utilizados.

No papel de Product Owner, a filosofia Lean é vivenciada por meio do princípio de Valor. O Product Owner é responsável por maximizar o valor do produto, garantindo que ele atenda às necessidades dos clientes e do negócio. Para isso, ele deve identificar o que é mais importante para o cliente e priorizar o trabalho da equipe com base nisso. O Product Owner também deve estar sempre buscando feedback do cliente para ajustar as prioridades e garantir que o valor esteja sendo entregue.

O Scrum Master, por sua vez, é responsável por garantir que o time esteja seguindo os princípios e práticas do Scrum e, consequentemente, os valores do Lean. Ele deve promover o Fluxo de Valor, garantindo que o trabalho esteja fluindo de forma contínua e sem interrupções, evitando atrasos e desperdícios. Além disso, o Scrum Master deve estar sempre buscando maneiras de melhorar o processo, promovendo a Melhoria Contínua.

Os Desenvolvedores, por fim, vivenciam os valores do Lean por meio dos Artefatos e Eventos do Scrum. Durante o Sprint Planning, eles definem o trabalho que será feito durante o Sprint, priorizando as atividades de acordo com o valor para o cliente. Na Reunião Diária, a equipe deve identificar e eliminar impedimentos para garantir um fluxo contínuo de trabalho. Durante o Sprint, eles trabalham de forma colaborativa, utilizando o Fluxo Contínuo para manter o trabalho fluindo de forma constante. Durante o Sprint Review, eles demonstram o trabalho concluído, buscando feedback do cliente para melhorar a entrega de valor. E, finalmente, durante o Sprint Retrospective, eles revisam o processo e buscam maneiras de melhorá-lo, promovendo a Melhoria Contínua.

Em relação aos Artefatos do Scrum, o Product Backlog é o local onde o valor é definido e priorizado. O Sprint Backlog é a lista de tarefas que devem ser realizadas durante o Sprint e que representam o Fluxo de Valor. O Incremento é o resultado do trabalho realizado durante o Sprint, representando o valor entregue ao cliente.

Em resumo, o Lean Thinking está presente em cada aspecto do Scrum, desde os Papéis, Eventos e Artefatos. A filosofia Lean promove a eliminação de desperdícios, aumento da eficiência e melhoria da qualidade, que são fundamentais para a entrega de valor ao cliente. Por isso, é importante que todos os envolvidos no processo entendam e vivenciem os valores do Lean, para que possam contribuir para o sucesso do projeto.

O modelo Toyota: 14 Princípios de gestão do maior fabricante do mundo

O Sistema Toyota de Produção é um conjunto de princípios e técnicas desenvolvidas pela Toyota para otimizar a produção e aumentar a eficiência. Esses princípios foram desenvolvidos ao longo de várias décadas e foram descritos pela primeira vez no livro "The Toyota Way", de Jeffrey Liker, em 2004. A partir desse momento, o Sistema Toyota de Produção se tornou uma referência mundial em termos de eficiência e qualidade na produção industrial.

Os 14 princípios descritos no livro são considerados a base do Sistema Toyota de Produção e têm como objetivo reduzir o desperdício, aumentar a eficiência e melhorar a qualidade. Esses princípios são amplamente aplicados em diversos setores e têm se mostrado altamente eficazes para melhorar a agilidade, a qualidade e a eficiência de empresas de todos os tamanhos.

Compreender o Sistema Toyota de Produção e seus princípios é fundamental para qualquer pessoa interessada em aplicar a agilidade em sua empresa. Os princípios do Sistema Toyota de Produção estão alinhados com os valores ágeis, como a busca pela melhoria contínua, a valorização das pessoas e a entrega de valor ao cliente. Portanto, estudar e aplicar os princípios do Sistema Toyota de Produção pode ser uma excelente forma de aprimorar a agilidade em sua empresa e se destacar no mercado.

Os princípios são divididos em quatro categorias, conhecidas como os 4Ps: Filosofia, Processo, Funcionários e parceiros, e Solução de problemas.

Os 14 princípios do modelo Toyota:

Filosofia: Pensamento de longo prazo

1.   Basear as decisões administrativas em uma filosofia de longo prazo, mesmo em detrimento de metas financeiras de curto prazo:

O primeiro princípio do Sistema Toyota de Produção (STP) enfatiza a importância de ter uma filosofia de longo prazo na tomada de decisões administrativas, em vez de focar apenas em metas financeiras de curto prazo. A filosofia de longo prazo se concentra no crescimento sustentável da empresa, levando em consideração não apenas o lucro, mas também o bem-estar dos funcionários, clientes e da sociedade em geral.

A Toyota acredita que, ao colocar a filosofia de longo prazo em primeiro lugar, a empresa terá um impacto positivo não apenas em seus resultados financeiros, mas também em sua reputação, satisfação dos funcionários e lealdade dos clientes. Esse princípio enfatiza a importância de equilibrar as necessidades de curto e longo prazo e considerar o impacto das decisões no futuro da empresa.

Ao tomar decisões baseadas na filosofia de longo prazo, a Toyota busca criar valor para todas as partes interessadas, incluindo funcionários, fornecedores, clientes e a sociedade em geral. O princípio não se concentra apenas em maximizar o lucro, mas sim em criar uma empresa sustentável, capaz de prosperar por muitos anos. Isso exige uma abordagem equilibrada e uma visão de longo prazo, que permita à empresa adaptar-se às mudanças do mercado e evoluir ao longo do tempo.

Em resumo, o primeiro princípio do STP enfatiza a importância de tomar decisões baseadas em uma filosofia de longo prazo, que considera o impacto das ações da empresa no futuro, em vez de se concentrar apenas em metas financeiras de curto prazo. É fundamental que a empresa encontre um equilíbrio entre os objetivos de curto e longo prazo para alcançar um crescimento sustentável e criar valor para todas as partes interessadas.

Processo: Eliminação de perdas

2.   Criar um Fluxo de Processo Contínuo para trazer os problemas à tona:

O segundo princípio do Sistema Toyota de Produção é o Fluxo de Processo Contínuo. Ele tem como objetivo a criação de processos que gerem valor de forma contínua, eliminando perdas e interrupções, e garantindo a rápida identificação e solução de problemas.

Para implementar esse princípio, a Toyota utiliza a ferramenta de mapeamento do fluxo de valor (Value Stream Mapping), que permite visualizar todos os processos envolvidos na produção de um produto ou serviço, identificando gargalos e desperdícios. Com base nessa análise, são desenvolvidas soluções para melhorar o fluxo contínuo do processo e aumentar a eficiência produtiva.

Além disso, o Fluxo de Processo Contínuo envolve a padronização dos processos, para que as atividades sejam executadas da mesma forma por todos os membros da equipe, garantindo que o fluxo de trabalho seja contínuo e sem interrupções.

Ao criar um fluxo contínuo de processos, a Toyota consegue detectar problemas rapidamente, permitindo que a equipe resolva os problemas na raiz, em vez de apenas lidar com os sintomas. Dessa forma, a empresa consegue melhorar continuamente seus processos, aumentando a eficiência e a qualidade de seus produtos e serviços.

3. Usar sistemas "puxados" para evitar a superprodução:

O terceiro princípio do sistema Toyota de produção é baseado no conceito de produção puxada, que tem como objetivo produzir somente o que é necessário, na quantidade necessária e no momento necessário, evitando assim a superprodução.

Ao contrário do modelo tradicional de produção em massa, que se baseia na previsão de demanda, o sistema puxado utiliza a demanda real do cliente como referência para a produção. Isso é possível através do uso de sistemas de sinalização, como o Kanban, que indicam a necessidade de produzir mais ou menos, dependendo da demanda.

O Kanban é uma ferramenta visual que utiliza cartões ou outras formas de sinalização para controlar o fluxo de materiais e informações em uma fábrica ou empresa. Ele é um instrumento que ajuda a identificar o que deve ser produzido, em que quantidade e em que momento. O uso de Kanban permite que a produção seja ajustada de acordo com a demanda, evitando estoques desnecessários e reduzindo o tempo de espera do cliente.

Além disso, a produção puxada também ajuda a reduzir o desperdício, já que os produtos são produzidos apenas quando há uma necessidade real. Isso diminui o risco de produzir algo que não será vendido ou utilizado, o que resulta em uma economia significativa de recursos e dinheiro.

Em resumo, o terceiro princípio do sistema Toyota de produção enfatiza a importância de se produzir apenas o que é necessário, quando é necessário e na quantidade necessária, utilizando sistemas puxados e ferramentas visuais como o Kanban para garantir o fluxo contínuo e reduzir o desperdício.

4.   Nivelar a carga de trabalho:

O Princípio quarto do Sistema Toyota de Produção, "Nivelar a carga de trabalho", enfatiza a importância do nivelamento da produção para evitar desperdícios, sobrecarga de pessoas ou equipamentos e para garantir a qualidade do produto final.

O conceito de Heijunka é central para este princípio, e significa nivelamento da produção e dos planos. Isso envolve nivelar a produção em termos de volume e combinação de produtos. Em outras palavras, a ideia é produzir uma quantidade constante de cada produto em um determinado período de tempo, independentemente da demanda real do cliente.

Isso ajuda a evitar a superprodução e subprodução, garantindo que a produção esteja sempre em sintonia com a demanda real do mercado. Além disso, o nivelamento de produção permite que a empresa planeje e gerencie a capacidade de produção de maneira mais eficiente e reduza os custos relacionados a horas extras, estoque e armazenagem.

O princípio também destaca a importância de evitar Muda (atividades que não agregam valor), Muri (sobrecarga de pessoas ou de equipamento) e Mura (desnivelamento), que podem levar a falhas de qualidade, atrasos na entrega e custos desnecessários. Ao nivelar a carga de trabalho, a empresa pode criar um fluxo de produção mais eficiente e suave, com menos interrupções, atrasos e retrabalho.

5. Construir uma cultura de parar e resolver problemas, para obter a qualidade desejada logo na primeira tentativa:

O princípio quinto do Sistema Toyota de Produção enfatiza a importância de criar uma cultura que valorize a resolução de problemas e a busca pela qualidade desde o início do processo produtivo. Isso significa que a empresa deve criar um ambiente em que os funcionários sejam incentivados a parar o processo de produção para solucionar problemas assim que eles aparecerem, em vez de simplesmente ignorá-los e seguir em frente.

Essa abordagem de resolução de problemas pode parecer contraproducente à primeira vista, pois parar a produção para resolver um problema pode atrasar a entrega de um produto ou serviço. No entanto, a ideia é que, a longo prazo, essa abordagem trará benefícios para a empresa, uma vez que os problemas serão solucionados de forma mais eficaz e definitiva, evitando retrabalho e garantindo uma qualidade superior.

Um dos conceitos importantes apresentados nesse princípio é a Automação, que consiste em criar sistemas automatizados que possam detectar problemas e interromper a produção imediatamente, evitando que os produtos com defeito cheguem aos clientes. No entanto, essa automação inteligente deve ser acompanhada por um toque humano, ou seja, os funcionários devem ser treinados para lidar com esses sistemas e capazes de resolver problemas que eles não podem detectar ou solucionar sozinhos.

Em resumo, o princípio 5 do Sistema Toyota de Produção destaca a importância de criar uma cultura de resolução de problemas e qualidade desde o início do processo produtivo, garantindo que a empresa entregue produtos ou serviços com o nível de qualidade desejado na primeira tentativa.

6.   Tarefas padronizadas são a base da melhoria contínua e da capacitação dos funcionários:

O sexto princípio do Sistema Toyota de Produção se baseia na ideia de que tarefas padronizadas são fundamentais para alcançar a melhoria contínua e a capacitação dos funcionários. Para a Toyota, padronizar significa documentar e compartilhar as melhores práticas para realizar uma tarefa específica. Quando as tarefas são padronizadas, os colaboradores têm uma base sólida para trabalhar e se tornam mais eficientes em suas funções.

Além disso, a padronização permite que a empresa acompanhe as métricas de desempenho e identifique possíveis problemas ou oportunidades de melhoria. Com isso, é possível tomar ações corretivas para eliminar desperdícios e aprimorar os processos.

A padronização também é fundamental para a capacitação dos funcionários, já que os novos colaboradores podem aprender rapidamente as melhores práticas da empresa. Com as tarefas padronizadas, os funcionários também têm uma referência para treinamentos e podem atuar em diferentes áreas da empresa com facilidade.

Esse princípio é uma base sólida para a aplicação do Kaizen, que é uma filosofia de melhoria contínua amplamente utilizada no Sistema Toyota de Produção. Quando as tarefas são padronizadas, a empresa pode realizar análises detalhadas de cada etapa e identificar oportunidades para melhorar a qualidade, a produtividade e a eficiência.

Em resumo, o sexto princípio do Sistema Toyota de Produção destaca a importância da padronização como base para a melhoria contínua e a capacitação dos funcionários. Através da documentação e compartilhamento das melhores práticas, a empresa pode aprimorar seus processos e se manter competitiva no mercado.

7.   Usar controle visual para que nenhum problema fique oculto:

O sétimo princípio do sistema Toyota de Produção é focado em usar o controle visual para evitar que qualquer problema fique oculto. Para isso, é utilizado o conceito dos 5S, que são uma série de atividades para eliminar as perdas que contribuem para os erros, defeitos e acidentes de trabalho. Esses 5S são:

- Seiri (Senso de Utilização): é o princípio de separar o necessário do desnecessário e eliminar o que não for útil.

- Seiton (Senso de Organização): é o princípio de organização, no qual tudo tem um lugar e está organizado de forma eficiente.

- Seiso (Senso de Limpeza): é o princípio de limpeza, que abrange a limpeza geral do ambiente e a inspeção visual para manter a qualidade do ambiente de trabalho.

- Seiketsu (Senso de Padronização): é o princípio de padronização, que tem como objetivo manter o ambiente organizado e limpo através de procedimentos padronizados.

- Shitsuke (Senso de Disciplina): é o princípio de disciplina, que tem como objetivo manter a prática dos princípios anteriores e criar uma cultura de melhoria contínua.

O controle visual é uma ferramenta essencial para identificar rapidamente problemas e oportunidades de melhoria no processo. Com ele, as informações e indicadores devem estar claramente visíveis e fáceis de entender. Dessa forma, a equipe pode trabalhar de forma eficiente e eficaz para solucionar problemas e melhorar o processo continuamente. O uso dos 5S e do controle visual é uma maneira de criar um ambiente organizado, seguro, e eficiente para a equipe de trabalho, promovendo uma cultura de melhoria contínua e excelência operacional.

8.   Usar somente tecnologia confiável plenamente testada que atenda aos funcionários e processos:

O oitavo princípio do Sistema Toyota de Produção diz que as tecnologias adotadas devem ser confiáveis e plenamente testadas, além de atenderem às necessidades dos funcionários e dos processos. A ideia é que a tecnologia deve ser uma ferramenta para apoiar as pessoas e os processos, e não o contrário.

Antes de adotar uma nova tecnologia, é importante realizar uma análise cuidadosa de seus benefícios e custos, bem como garantir que ela atenda aos requisitos da empresa. Essa análise deve ser feita de forma integrada, envolvendo não só a área de tecnologia, mas também as áreas de produção, qualidade e recursos humanos.

Outro ponto importante é a necessidade de testar a tecnologia antes de sua implementação em larga escala. Isso envolve um processo rigoroso de testes e validação, que deve ser feito em condições reais de uso, para garantir que a tecnologia atenda às expectativas e gere valor para a empresa.

Além disso, a tecnologia deve ser projetada de forma a atender às necessidades dos funcionários e dos processos, e não o contrário. Isso significa que os sistemas devem ser intuitivos, fáceis de usar e adaptáveis às necessidades dos usuários. A tecnologia também deve ser escalável e flexível, para que possa se adaptar às mudanças nas demandas dos processos e dos clientes.

Por fim, é importante destacar que o uso de tecnologias não é um fim em si mesmo, mas sim um meio para alcançar os objetivos da empresa. A tecnologia deve ser vista como uma ferramenta para apoiar a melhoria contínua dos processos e a busca pela excelência operacional.

Processo: Eliminação de perdas

9. Desenvolver líderes que compreendam completamente o trabalho, vivam a filosofia e a ensinem aos outros:

O nono princípio do sistema Toyota de produção enfatiza a importância de desenvolver líderes que compreendam completamente o trabalho, vivam a filosofia e a ensinem aos outros. Em outras palavras, é essencial que os líderes tenham um profundo entendimento dos processos e práticas da empresa, para que possam orientar e inspirar outros colaboradores a seguir essa filosofia.

Uma das características mais importantes de um líder Toyota é a capacidade de agir como um mentor, ensinando aos outros o que ele ou ela sabe e permitindo que outros aprendam com suas experiências. Os líderes também devem ser capazes de identificar as necessidades de treinamento e desenvolvimento de seus funcionários, e ajudá-los a aprimorar suas habilidades e conhecimentos.

Outra característica importante dos líderes Toyota é a responsabilidade sem autoridade, o que significa que os colaboradores têm a responsabilidade de tomar decisões importantes, mas sem a autoridade para fazê-lo sozinhos. Isso ajuda a criar um senso de responsabilidade e engajamento entre os colaboradores, que podem trabalhar juntos para alcançar os objetivos da empresa.

Além disso, a filosofia Toyota valoriza a melhoria contínua, e os líderes devem ser capazes de liderar essa mentalidade em suas equipes. Isso significa que os líderes devem encorajar seus colaboradores a buscar constantemente formas de melhorar os processos, reduzir os desperdícios e aumentar a eficiência.

Em resumo, o nono princípio do sistema Toyota de produção destaca a importância de desenvolver líderes que compreendam e vivam a filosofia da empresa, e que sejam capazes de ensiná-la aos outros colaboradores. Esse é um componente chave para a cultura da empresa, que valoriza a melhoria contínua, a responsabilidade e o engajamento dos colaboradores.

10. Desenvolver pessoas e equipes excepcionais que sigam a filosofia da empresa:

O décimo princípio do Sistema Toyota de Produção (STP) está relacionado com o desenvolvimento das pessoas e equipes que trabalham dentro da empresa. Segundo esse princípio, é fundamental desenvolver equipes excepcionais que sigam a filosofia da empresa e que estejam comprometidas em alcançar os objetivos estabelecidos. Para isso, é preciso investir no desenvolvimento dos colaboradores, proporcionando-lhes a oportunidade de adquirir novas habilidades e conhecimentos, além de oferecer suporte para que possam aplicar essas habilidades no trabalho diário.

Uma das formas mais eficazes de desenvolver as pessoas e as equipes é através da aprendizagem contínua. A Toyota acredita que a aprendizagem contínua é fundamental para o sucesso da empresa e, por isso, investe significativamente em treinamentos e capacitações. Esses treinamentos podem abranger diversas áreas, desde habilidades técnicas relacionadas ao trabalho até habilidades comportamentais, como comunicação, liderança e resolução de conflitos.

Outro aspecto importante do décimo princípio é o respeito pelas diferenças individuais. A Toyota entende que cada pessoa é única e que cada uma possui habilidades e características que podem contribuir para o sucesso da empresa. Dessa forma, é importante que cada colaborador seja tratado como um indivíduo e que sejam oferecidas oportunidades para que possam utilizar suas habilidades e se desenvolver de acordo com suas capacidades.

Para que o décimo princípio seja efetivamente aplicado, é necessário que a empresa possua uma cultura de confiança, respeito e comprometimento. A liderança deve ser capaz de inspirar e motivar as equipes, além de proporcionar um ambiente de trabalho saudável e acolhedor. É importante lembrar que o desenvolvimento das pessoas e das equipes é um processo contínuo e que exige comprometimento e dedicação por parte de todos os envolvidos.

11.   Respeitar sua rede de parceiros e de fornecedores, desafiando-os e ajudando-os a melhorar:

O décimo primeiro princípio do Sistema Toyota de Produção destaca a importância de respeitar a rede de parceiros e fornecedores. Para a Toyota, os parceiros são considerados uma extensão da própria empresa e, portanto, devem ser tratados com o mesmo respeito e consideração que os funcionários da própria empresa.

Para alcançar esse objetivo, a Toyota busca estabelecer uma comunicação clara e respeitosa com seus fornecedores, criando uma aliança forte baseada em confiança mútua e colaboração. Essa relação é fundamental para garantir que os fornecedores entreguem produtos e serviços de alta qualidade e confiabilidade, que são essenciais para a Toyota produzir carros de alta qualidade.

A Toyota desafia seus fornecedores a melhorar continuamente seus processos e produtos, buscando sempre o aprimoramento mútuo. Ao compartilhar informações sobre o Sistema Toyota de Produção e fornecer orientações para melhorias nos processos, a empresa ajuda seus fornecedores a desenvolver suas habilidades e competências, criando uma rede de parceiros confiáveis e altamente capacitados.

Além disso, a Toyota reconhece que seus fornecedores são importantes partes interessadas em seu negócio, e seus sucessos são cruciais para o sucesso da Toyota. Assim, a empresa procura oferecer apoio e orientação para seus fornecedores, a fim de ajudá-los a crescer e se desenvolver, criando uma relação de longo prazo e uma rede de fornecedores altamente qualificados e engajados.

Solução de problemas: Aprendizagem e melhoria contínua

12.   Verificar a situação por si mesmo para compreendê-la completamente (Genchi Genbutsu):

O décimo segundo princípio do Sistema Toyota de Produção é conhecido como Genchi Genbutsu, que pode ser traduzido como "ir e ver por si mesmo". Isso significa que, para resolver problemas e melhorar processos, é necessário ir diretamente ao local onde o problema está ocorrendo e ver com seus próprios olhos o que está acontecendo.

Este princípio enfatiza a importância de entender completamente a situação antes de tomar qualquer decisão ou implementar mudanças. Isso requer uma abordagem baseada em fatos, em vez de suposições ou julgamentos baseados em informações de segunda mão. Ao ir ao local e observar diretamente o que está acontecendo, é possível obter informações precisas e identificar as causas raiz dos problemas.

Além disso, esse princípio destaca a importância da comunicação direta entre gerentes e funcionários de linha de frente. É essencial que a equipe envolvida em um processo tenha a oportunidade de expressar suas opiniões e ideias, a fim de ajudar a melhorar o processo e aumentar a eficiência.

A abordagem Genchi Genbutsu também se aplica a todo o processo de desenvolvimento de novos produtos. Em vez de depender apenas de pesquisas de mercado e de opiniões de especialistas, é importante que as empresas se envolvam diretamente com seus clientes para entender suas necessidades e preferências. Isso pode envolver visitar os clientes em seus locais, testar protótipos com eles e obter feedback diretamente.

Em resumo, o princípio Genchi Genbutsu enfatiza a importância de obter informações precisas e confiáveis, entender completamente a situação e trabalhar em colaboração para encontrar soluções.

13. Tomar decisões lentamente por consenso, considerando completamente todas as opções; implementá-las com rapidez (Nemawashi):

O princípio 13 do Sistema Toyota de Produção, também conhecido como Nemawashi, envolve a tomada de decisões de forma lenta e com base no consenso, considerando completamente todas as opções disponíveis, seguida da implementação rápida das decisões tomadas.

O Nemawashi é uma técnica de tomada de decisão japonesa que se concentra em buscar o consenso de todas as partes interessadas antes de implementar uma mudança. Ele é baseado na ideia de que, quando todas as pessoas envolvidas têm voz na tomada de decisão, a mudança tem mais chances de ser aceita e bem-sucedida.

O princípio Nemawashi é importante porque ajuda a garantir que as mudanças implementadas na empresa sejam bem-sucedidas, pois todas as partes envolvidas tiveram a chance de contribuir com suas perspectivas e preocupações. Além disso, a implementação é mais rápida, pois todas as questões foram abordadas e resolvidas durante o processo de tomada de decisão.

É importante ressaltar que o Nemawashi não significa que a empresa deve tomar decisões de forma lenta e ineficiente, mas sim que a tomada de decisão deve ser cuidadosa e bem planejada, levando em conta todas as perspectivas envolvidas. A implementação deve ser rápida e eficiente após a decisão ter sido tomada.

Em resumo, o princípio Nemawashi enfatiza a importância de se tomar decisões lentamente, por meio de um processo de consenso que considera completamente todas as opções disponíveis, e de implementá-las rapidamente após a decisão ter sido tomada. Dessa forma, é possível garantir que as mudanças implementadas sejam bem-sucedidas e eficientes.

14. Tornar-se uma organização de aprendizagem pela reflexão incansável (Hansei) e pela melhoria contínua (Kaizen):

O décimo quarto princípio do Sistema Toyota de Produção enfatiza a importância da aprendizagem constante e da melhoria contínua. A Toyota acredita que uma organização deve sempre procurar aprender com suas experiências, sejam elas positivas ou negativas, e buscar formas de aprimorar seus processos e produtos.

Para isso, é necessário que a empresa pratique a reflexão incansável, ou Hansei, que é um processo de autoavaliação crítica e honesta, buscando entender as causas dos problemas e encontrar soluções para evitá-los no futuro. A Hansei é um processo contínuo que envolve toda a empresa, desde os operadores de linha até a alta gerência, e é fundamental para o desenvolvimento de uma cultura de aprendizagem na organização.

Além da reflexão incansável, o princípio 14 também destaca a importância do Kaizen, que significa melhoria contínua. A ideia é que as melhorias devem ser constantes e graduais, visando aperfeiçoar continuamente os processos e produtos da empresa. Para isso, a Toyota incentiva a participação de todos os colaboradores na identificação e solução de problemas, promovendo um ambiente de trabalho colaborativo e engajado.

A filosofia do Kaizen é uma abordagem holística para a melhoria contínua, que envolve o aprimoramento de todos os aspectos da empresa, desde os processos de produção até a gestão de pessoas e recursos. A Toyota acredita que a busca pela excelência deve ser constante, e que a melhoria contínua é uma forma de alcançá-la.

Em resumo, o princípio 14 do Sistema Toyota de Produção enfatiza a importância da aprendizagem constante e da melhoria contínua, buscando aperfeiçoar constantemente os processos e produtos da empresa. A reflexão incansável e o Kaizen são ferramentas fundamentais para o alcance dessa filosofia, e a Toyota incentiva a participação de todos os colaboradores nesse processo de evolução constante.

Em resumo, compreender os 14 princípios do Sistema Toyota de Produção é fundamental para quem busca desenvolver uma cultura de excelência operacional em sua organização. Esses princípios, que visam aumentar a eficiência e qualidade do processo produtivo, têm influenciado empresas em todo o mundo, ajudando a melhorar a gestão de projetos, processos e equipes.

Ao adotar uma abordagem ágil como o Scrum, é possível aplicar muitos dos princípios do Sistema Toyota de Produção, como a busca constante por melhoria contínua, o desenvolvimento de equipes excepcionais, o respeito pelos fornecedores e parceiros, e a valorização da reflexão e aprendizado.

Além disso, a ênfase na colaboração, comunicação clara e respeitosa, e na verificação da situação por si mesmo, são pontos fundamentais tanto para o Scrum quanto para o Sistema Toyota de Produção. Em resumo, a compreensão desses princípios e sua aplicação prática em projetos e processos pode trazer benefícios significativos para a empresa, aumentando sua eficiência, qualidade e competitividade no mercado.

3.4. Os valores do Scrum

Os valores do Scrum são fundamentais para a implementação da metodologia, pois orientam a cultura, as atitudes e os comportamentos dos membros da equipe. Eles são o guia para o time seguir no dia a dia, visando a entrega de valor ao cliente de forma ágil e eficiente. Sem a prática dos valores, a implementação do Scrum pode se tornar mecânica, sem atingir seu objetivo.

Os cinco valores do Scrum são:

1.   **Comprometimento:** Significa que todos os membros da equipe de desenvolvimento estão comprometidos com a meta do projeto e trabalham juntos para atingi-la. Cada membro da equipe sabe o que é esperado dele e trabalha duro para garantir que o projeto seja entregue dentro do prazo e orçamento acordados. O compromisso é importante porque ajuda a manter a equipe focada e motivada, e garante que todos estejam trabalhando em direção aos mesmos objetivos.

Vivenciando o comprometimento:

•   O Product Owner deve estar comprometido com o sucesso do produto e da equipe. Ele deve trabalhar em conjunto com a equipe, ajudando a remover impedimentos e garantindo que o desenvolvimento esteja alinhado com as expectativas do cliente. Além disso, ele deve estar sempre disponível para a equipe e os stakeholders, respondendo rapidamente a dúvidas e problemas que possam surgir.

- O Scrum Master é responsável por garantir que todos os envolvidos no processo do Scrum estejam comprometidos com o sucesso do projeto. Ele deve liderar pelo exemplo, mostrando seu comprometimento através de suas ações e incentivar os demais a fazerem o mesmo. O Scrum Master deve ser um facilitador, ajudando a equipe a tomar decisões e remover obstáculos, para que possam alcançar os objetivos do projeto.

- O comprometimento é essencial para que os desenvolvedores possam entregar as funcionalidades com qualidade e dentro do prazo estabelecido. É importante que eles assumam a responsabilidade pelos compromissos assumidos e estejam dispostos a fazer o que for necessário para atingir os objetivos da equipe. Isso envolve colaborar com os colegas de equipe, compartilhar conhecimentos, participar das reuniões diárias de planejamento e estar sempre dispostos a aprender e evoluir.

2.   **Coragem:** A coragem é necessária para tomar decisões difíceis e enfrentar desafios. A equipe precisa ter coragem para assumir riscos e enfrentar obstáculos que possam surgir durante o desenvolvimento do projeto. Isso pode incluir desafiar ideias antigas, experimentar novas tecnologias ou enfrentar críticas de outras equipes ou stakeholders. A coragem é importante porque ajuda a equipe a superar medos e dúvidas, e a tomar decisões com confiança.

Vivenciando a Coragem:

- O Product Owner deve definir claramente as prioridades do projeto, mesmo que isso signifique deixar de lado outras demandas que possam parecer importantes. Ele precisar ter coragem para dizer "não" a pedidos que não se enquadrem na visão do produto, mesmo que isso possa desagradar algum stakeholder. O Product Owner tem que estar aberto a feedbacks e críticas, e ter coragem para fazer mudanças no planejamento do projeto se for preciso. Por fim, ele precisa ter coragem para tomar decisões difíceis em momentos de crise, mantendo a calma e a clareza para liderar a equipe em direção ao sucesso.

• O Scrum Master deve ter coragem para enfrentar os desafios do projeto, ajudando a equipe a superar seus medos e limitações. Ele deve estar preparado para enfrentar conflitos e defender os valores do Scrum, mesmo que isso signifique ir contra as opiniões de outros membros da equipe ou stakeholders. O Scrum Master deve ter a coragem de assumir riscos calculados, para que a equipe possa experimentar e aprender com os erros.

• Os desenvolvedores também precisam ser corajosos para enfrentar os desafios que surgem no processo de desenvolvimento de software. Isso envolve assumir riscos calculados, tomar decisões difíceis e ter a coragem de fazer mudanças quando necessário. Além disso, é importante ter a coragem de expor e resolver conflitos, sempre buscando o diálogo e o entendimento mútuo.

3. **Foco:** Foco significa que a equipe está concentrada na entrega de valor para o cliente. Todos os esforços da equipe são direcionados para alcançar os objetivos do projeto. Isso significa que a equipe deve priorizar tarefas e trabalhar em sprints para garantir que o projeto esteja em constante evolução. O foco é importante porque ajuda a equipe a trabalhar de forma mais eficiente e a entregar valor para o cliente de forma mais rápida.

Vivenciando o Foco:

• O Product Owner é o representante do cliente no Scrum. Ele deve entender as necessidades e desejos do cliente e garantir que o produto atenda a essas demandas. Para isso, ele deve estar em constante contato com o cliente, ouvindo suas sugestões e feedbacks. Além disso, ele deve estar sempre buscando formas de melhorar a experiência do cliente com o produto.

• O Scrum Master é responsável por manter o foco da equipe no cliente e nas suas necessidades. Ele deve entender as

61

expectativas do cliente e garantir que a equipe esteja trabalhando para atender essas expectativas. O Scrum Master deve garantir que o Product Owner esteja fazendo um bom trabalho na gestão do Product Backlog e que a equipe esteja entregando valor ao cliente a cada Sprint.

- Os desenvolvedores são responsáveis por transformar as necessidades dos usuários em funcionalidades que agreguem valor ao produto. Para isso, é preciso ter um foco constante na entrega de valor, entendendo a importância de cada funcionalidade e priorizando as tarefas mais importantes para o sucesso do projeto. É necessário entender o contexto do usuário e buscar sempre entregar o melhor resultado possível.

4.   **Respeito:** Respeito significa tratar todos os membros da equipe com dignidade e valorizar as contribuições individuais de cada um. Isso inclui reconhecer a diversidade de opiniões e habilidades, e trabalhar em colaboração para atingir a meta do projeto. O respeito é importante porque ajuda a criar um ambiente de trabalho positivo e saudável, onde a equipe pode trabalhar em harmonia.

Vivenciando o Respeito:

- O Product Owner deve respeitar a equipe e os stakeholders, ouvindo suas opiniões e feedbacks. Ele deve ser capaz de trabalhar em conjunto com a equipe, buscando soluções que atendam às necessidades de todos. Além disso, ele deve ser capaz de tomar decisões difíceis quando necessário, sempre buscando o melhor para o produto e para o negócio.

- O Scrum Master é responsável por garantir que todos os membros da equipe respeitem as ideias e opiniões uns dos outros. Eles são os facilitadores da equipe e devem garantir que todos tenham uma voz igual na tomada de decisões. Além disso, eles precisam respeitar o processo e as regras do Scrum para garantir que o trabalho seja feito de maneira eficiente e eficaz.

- O respeito é fundamental em uma equipe de desenvolvimento. Os desenvolvedores devem ter o respeito pelos outros membros da equipe, pelo Product Owner e pelos usuários finais. Isso inclui ouvir as opiniões e ideias de todos, buscar sempre um ambiente de trabalho saudável e produtivo, e respeitar as diferenças culturais e de opinião que possam surgir.

5. **Abertura:** Abertura significa que a equipe deve ser honesta e aberta sobre seu trabalho e progresso. Isso inclui compartilhar informações relevantes com outras equipes e stakeholders, como objetivos do projeto, problemas enfrentados, progresso alcançado e planos futuros. A abertura é importante porque ajuda a criar confiança entre a equipe e outras partes interessadas, e permite que todos trabalhem em conjunto para alcançar a meta do projeto. A abertura também envolve a capacidade de receber feedbacks e sugestões para melhorar continuamente o processo.

Vivenciando a Abertura:

• O Product Owner deve ser aberto em suas decisões e em suas comunicações. Ele deve compartilhar informações relevantes com a equipe e estar disposto a fornecer feedback honesto e construtivo. O Product Owner deve garantir que a equipe e os stakeholders tenham acesso a todas as informações relevantes sobre o produto. Ele deve ser transparente em relação às prioridades, expectativas e decisões que afetam o projeto. Isso permite que todos entendam o que está acontecendo e possam contribuir para o sucesso do produto.

• O Scrum Master precisa ser aberto em relação ao processo Scrum, suas ações e em suas comunicações. O Scrum Master deve ser um agente de mudança, ajudando a equipe a se adaptar às mudanças e a melhorar continuamente. Ele deve ser capaz de identificar oportunidades de melhoria e trabalhar com a equipe para implementá-las. O Scrum Master deve incentivar a equipe a experimentar, a aprender com os erros e a se adaptar rapidamente às mudanças no ambiente do projeto.

• Os desenvolvedores devem estar sempre abertos a mudanças e receber feedbacks. É preciso estar disposto a aprender coisas novas, experimentar novas tecnologias e metodologias, e estar sempre buscando formas de melhorar a qualidade e eficiência do trabalho.

Cada um dos valores do Scrum é essencial para o sucesso da implementação do framework. Eles ajudam a criar uma cultura de trabalho colaborativa e eficiente, onde todos os membros da equipe se sentem valorizados e comprometidos com a meta do projeto. Ao seguir esses valores, a equipe pode trabalhar com maior eficácia e atingir os objetivos do projeto de forma mais rápida e eficiente.

3.5. Pilares do Scrum

O Scrum é um framework que se baseia em três pilares fundamentais para a sua implementação: transparência, inspeção e adaptação. Esses pilares são essenciais para o sucesso de um projeto Scrum e permitem que o time de desenvolvimento atinja os objetivos estabelecidos com eficiência e eficácia.

1. **Transparência:** A transparência é o primeiro pilar do Scrum e significa que todas as informações relevantes devem estar disponíveis e acessíveis para todas as pessoas envolvidas no projeto. Isso inclui informações sobre o progresso do projeto, as tarefas a serem realizadas, as decisões tomadas e os obstáculos enfrentados. A transparência permite que o time tenha uma visão clara e objetiva do projeto e, consequentemente, tomar melhores decisões. Além disso, a transparência promove a confiança entre os membros da equipe, já que todos têm acesso às mesmas informações e não há informações escondidas ou privilegiadas.

Promovendo a Transparência:

• O Product Owner é responsável por garantir que o Product Backlog seja transparente e compreensível para todas as partes interessadas. Durante o Planejamento da Sprint, o Product Owner trabalha com a equipe para definir os objetivos da Sprint e criar um Product Backlog que reflita esses objetivos. Durante a Revisão da Sprint, o Product Owner compartilha o progresso da equipe em relação aos objetivos da Sprint e recebe feedback das partes interessadas sobre o trabalho concluído.

• O Scrum Master é responsável por garantir que os eventos do Scrum sejam transparentes e que as informações relevantes estejam disponíveis para todas as partes interessadas. Durante a Reunião Diária, o Scrum Master trabalha com a equipe para garantir que as informações relevantes sejam compartilhadas e que os impedimentos sejam identificados e resolvidos. Durante a Retrospectiva da Sprint, o Scrum Master facilita a discussão sobre o que funcionou bem e o que não funcionou na Sprint anterior, a fim de melhorar a transparência do processo.

• Os Desenvolvedores são responsáveis por garantir que o trabalho em andamento seja transparente e compreensível para toda a equipe. Durante a Reunião Diária, os Desenvolvedores compartilham informações sobre o trabalho que está sendo feito e discutem quaisquer impedimentos que possam impedir o progresso. Durante a Revisão da Sprint, os Desenvolvedores compartilham o trabalho concluído e recebem feedback sobre o que foi feito.

2.	**Inspeção**: A inspeção é o segundo pilar do Scrum e significa que o time deve inspecionar regularmente o seu trabalho e o progresso do projeto. Isso inclui a realização de reuniões diárias (daily Scrum), reuniões de revisão (sprint review) e reuniões de retrospectiva (sprint retrospective). A inspeção permite que o time identifique rapidamente qualquer problema ou obstáculo que possa estar impedindo o progresso do projeto e tomar medidas para corrigi-lo. Além disso, a inspeção permite que o time avalie regularmente o seu trabalho e o progresso do projeto em relação aos objetivos estabelecidos.

Promovendo a Inspeção:

• O Product Owner promove a inspeção por meio da revisão da lista de backlog do produto durante a reunião de planejamento da Sprint. Ele verifica se as histórias de usuário estão sendo concluídas na ordem de prioridade correta, se a equipe está criando valor para o cliente e se as metas do produto ainda estão alinhadas com a estratégia de negócios. Durante a revisão da Sprint, o Product Owner inspeciona o incremento entregue e fornece feedback valioso para a equipe de desenvolvimento sobre o que foi concluído e o que ainda precisa ser feito.

• O Scrum Master promove a inspeção por meio de observação constante do processo Scrum e facilitando reuniões diárias, revisões da Sprint e retrospectivas. Ele monitora o progresso da equipe, verifica se os eventos estão sendo realizados corretamente e identifica quaisquer problemas que possam estar impedindo o progresso. Durante a revisão da Sprint e a retrospectiva da Sprint, o Scrum Master trabalha com a equipe para inspecionar o trabalho concluído e identificar oportunidades de melhoria para o próximo Sprint.

• Os desenvolvedores promovem a inspeção por meio da reunião diária, na qual eles inspecionam o trabalho realizado no dia anterior e planejam o trabalho para o próximo dia. Durante a revisão da Sprint, eles inspecionam o incremento entregue e verificam se ele atende aos critérios de aceitação estabelecidos. Eles também participam ativamente da retrospectiva da Sprint, discutindo o que funcionou bem, o que não funcionou e como podem melhorar no próximo Sprint.

3. **Adaptação:** A adaptação é o terceiro pilar do Scrum e significa que o time deve ser capaz de adaptar-se rapidamente a mudanças no projeto. Isso inclui mudanças nos requisitos do projeto, problemas inesperados e oportunidades emergentes. A adaptação permite que o time seja flexível e responsivo às mudanças, em vez de ficar preso a um plano que pode se tornar obsoleto à medida que o projeto avança. Além disso, a adaptação permite que o time aproveite oportunidades emergentes e responda rapidamente a problemas inesperados.

Promovendo a Adaptação:

• O Product Owner promove a adaptação por meio da atualização da lista de backlog do produto com base no feedback recebido do cliente e da equipe de desenvolvimento. Ele pode ajustar as prioridades das histórias de usuário, adicionar novas histórias ou remover histórias existentes com base no feedback.

- O Scrum Master promove a adaptação facilitando a revisão da Sprint e a retrospectiva da Sprint. Durante a revisão da Sprint, ele trabalha com o Product Owner para atualizar o backlog do produto com base no feedback do cliente e da equipe de desenvolvimento. Durante a retrospectiva da Sprint, ele trabalha com a equipe de desenvolvimento para identificar oportunidades de melhoria e ajuda a planejar ações para o próximo Sprint.

- Os desenvolvedores promovem a adaptação ajustando o processo de desenvolvimento com base no feedback recebido durante a inspeção. Eles podem mudar as técnicas de desenvolvimento, ajustar as prioridades das tarefas ou trabalhar em um conjunto diferente de histórias de usuário para o próximo Sprint.

Os pilares do Scrum são fundamentais para o sucesso do framework, pois fornecem a base para que o time de desenvolvimento trabalhe de forma colaborativa e eficiente. Sem transparência, inspeção e adaptação, o time não teria a visão clara do projeto, não seria capaz de identificar rapidamente problemas e obstáculos e não seria capaz de adaptar-se às mudanças no projeto.

Além disso, os pilares do Scrum são essenciais para a melhoria contínua do processo de desenvolvimento. Através da inspeção regular do trabalho e do progresso do projeto, o time pode identificar áreas para melhorias e implementar mudanças para aumentar a eficiência e eficácia do processo de desenvolvimento.

3.6. Os papéis no Scrum

O sucesso do Scrum depende muito dos papéis que estão envolvidos no processo. Existem três papéis bem definidos no Scrum: Product Owner, Scrum Master e Time de Desenvolvimento. Cada um desses papéis tem responsabilidades específicas que ajudam a garantir o sucesso do projeto. Neste módulo, vamos apresentar um panorama amplo e detalhado sobre a importância desses papéis no Scrum, suas principais responsabilidades e como eles interagem.

Neste módulo, discutiremos a importância de cada papel no Scrum e como cada um contribui para o sucesso do projeto.

1.   O papel do Product Owner: O Product Owner é responsável por maximizar o valor do produto e do trabalho da equipe de desenvolvimento. Ele é a voz do cliente e é responsável por definir e priorizar as funcionalidades do produto. O Product Owner trabalha em estreita colaboração com a equipe de desenvolvimento e é responsável por comunicar as necessidades do cliente e garantir que a equipe esteja trabalhando nas funcionalidades certas no momento certo.

Responsabilidades do Product Owner:

• Definir a visão do produto e as funcionalidades prioritárias;

• Definir e manter o backlog do produto;

• Garantir que a equipe de desenvolvimento entenda a visão do produto;

• Garantir que o produto atenda às necessidades dos usuários e clientes;

• Tomar decisões sobre o produto e sua direção.

A importância do Product Owner: O Product Owner é fundamental para o sucesso do projeto, pois é responsável por garantir que o produto atenda às necessidades do cliente e dos usuários. Ele é a conexão entre a equipe de desenvolvimento e os stakeholders e é responsável por garantir que a equipe esteja trabalhando nas funcionalidades mais importantes no momento certo.

2.   O papel do Scrum Master: O Scrum Master é o responsável por garantir que o Scrum seja implementado corretamente e que a equipe de desenvolvimento esteja trabalhando de forma eficiente e eficaz. Ele é responsável por garantir que a equipe siga os valores e princípios do Scrum e que a equipe esteja sempre melhorando seus processos e práticas.

Responsabilidades do Scrum Master:

• Facilitar as reuniões do Scrum (Sprint Planning, Daily Scrum, Sprint Review e Sprint Retrospective);

• Remover impedimentos que afetam o progresso da equipe;

• Garantir que a equipe esteja seguindo as práticas e processos do Scrum;

• Ajudar a equipe a melhorar continuamente.

A importância do Scrum Master: O Scrum Master é importante porque ele garante que a equipe de desenvolvimento esteja trabalhando de forma eficiente e eficaz. Ele é responsável por remover obstáculos e garantir que a equipe siga as práticas e processos do Scrum. Além disso, ele ajuda a equipe a melhorar continuamente e a se tornar mais ágil.

3. **O papel do Time de Desenvolvimento:** O Time de Desenvolvimento é responsável por transformar o backlog do produto em incrementos de software potencialmente entregáveis a cada final de Sprint. Eles são responsáveis por planejar, projetar, desenvolver, testar e entregar o produto.

Responsabilidades do Time de Desenvolvimento:

• Transformar o backlog do produto em incrementos de software entregáveis;

• Trabalhar em estreita colaboração com o Product Owner para entender as necessidades dos usuários e clientes;

- Manter um alto nível de qualidade do produto;

- Identificar e comunicar os problemas e desafios que encontram.

A importância do Time de Desenvolvimento: O Time de Desenvolvimento é importante porque é responsável por transformar a visão do produto em um produto funcional e de alta qualidade. Eles trabalham em estreita colaboração com o Product Owner para entender as necessidades dos usuários e clientes e entregar funcionalidades que atendam a essas necessidades. Além disso, o Time de Desenvolvimento é responsável por manter um alto nível de qualidade do produto e identificar e comunicar os problemas e desafios que encontram.

Cada papel no Scrum é essencial para o sucesso do projeto. O Product Owner é responsável por definir e priorizar as funcionalidades do produto, o Scrum Master é responsável por garantir que a equipe esteja seguindo as práticas e processos do Scrum e o Time de Desenvolvimento é responsável por transformar a visão do produto em um produto funcional e de alta qualidade. A colaboração e comunicação entre esses três papéis é fundamental para o sucesso do projeto e para a entrega de valor aos usuários e clientes. O Scrum é um framework poderoso que permite às equipes trabalhar de forma mais ágil e eficiente, entregando produtos de alta qualidade em um curto período de tempo.

3.7. Os eventos do Scrum

Os eventos do Scrum são reuniões planejadas que servem para inspecionar e adaptar o progresso do trabalho. Eles são projetados para permitir que as equipes de desenvolvimento inspecionem e adaptem seu trabalho de forma regular e eficaz. Cada evento tem um propósito bem definido e sua realização é fundamental para o sucesso do framework.

Importância dos eventos no Scrum:

- Permite que a equipe de desenvolvimento inspecione e adapte o progresso do trabalho;

- Fornece uma oportunidade para o time de inspecionar o trabalho concluído e adaptar a estratégia para atingir os objetivos de negócios;

- Garante que todos estejam alinhados em relação ao progresso do projeto, o que ajuda a evitar surpresas de última hora;

- Fornece transparência para todos os interessados, incluindo a equipe de desenvolvimento, proprietário do produto e partes interessadas.

Os cinco eventos no Scrum são:

1. **Sprint:** O Sprint é o coração do Scrum, é o período de tempo de uma a quatro semanas durante o qual um incremento potencialmente utilizável de "Pronto" é criado. Todos os outros eventos do Scrum acontecem dentro de um Sprint. É importante que o time esteja focado no objetivo da Sprint e trabalhe em conjunto para atingi-lo. Durante o Sprint, o time deve manter uma comunicação aberta e transparente, colaborando para entregar um incremento de valor.

2. **Planejamento da Sprint:** O planejamento da Sprint é um evento que ocorre no início de cada Sprint e tem como objetivo estabelecer o que será entregue ao final da Sprint. Neste evento, o time de desenvolvimento trabalha em conjunto para definir quais itens do Backlog do Produto serão entregues na próxima Sprint.

Pontos relevantes:

- **Propósito:** O objetivo do Planejamento da Sprint é definir o objetivo da Sprint, selecionar os itens do Backlog do Produto que serão entregues na próxima Sprint e definir o plano de ação que o time utilizará para alcançar o objetivo da Sprint.

- **Participantes:** O evento é conduzido pelo Scrum Master e envolve o Time de Desenvolvimento e o Product Owner.

- **Por que é importante:** O Planejamento da Sprint é um evento essencial para o time de desenvolvimento, pois é neste momento que eles definem os itens que serão entregues na próxima Sprint e traçam um plano de ação para alcançar o objetivo definido. Isso ajuda a manter o time alinhado e focado no que deve ser entregue durante a Sprint. O Planejamento da Sprint é importante para o sucesso do projeto, pois ajuda a garantir que o time de desenvolvimento esteja trabalhando em conjunto com o Product Owner para atender às necessidades do cliente. Além disso, ajuda a garantir que a equipe esteja alinhada com os objetivos do projeto e com o que deve ser entregue na próxima Sprint.

Durante o Planejamento da Sprint, o Time de Desenvolvimento trabalha em conjunto para definir o objetivo da Sprint e selecionar os itens do Backlog do Produto que serão entregues na próxima Sprint. O time também traça um plano de ação para alcançar o objetivo da Sprint. O Product Owner é responsável por apresentar os itens do Backlog do Produto ao Time de Desenvolvimento e esclarecer dúvidas. O Scrum Master é responsável por garantir que o evento esteja sendo conduzido corretamente e que o time esteja alinhado com o objetivo da Sprint.

Em resumo, o Planejamento da Sprint é um evento fundamental para o sucesso do Scrum, pois ajuda a garantir que o time de desenvolvimento esteja trabalhando em conjunto com o Product Owner para atender às necessidades do cliente e do projeto.

3.   **Reunião Diária da Sprint:** A Reunião Diária é um dos cinco eventos do Scrum, tendo como objetivo fornecer ao Time Scrum uma oportunidade de inspeção e adaptação diárias. Essa reunião tem um tempo máximo de 15 minutos e deve ser realizada todos os dias durante a Sprint.

Pontos relevantes:

- **Propósito:** O propósito da Reunião Diária é permitir que o Time Scrum sincronize suas atividades e crie um plano para as próximas 24 horas. Durante essa reunião, o Time Scrum revisa o progresso em relação à meta da Sprint e identifica impedimentos que possam atrapalhar o progresso do trabalho. Também é um momento para ajustar o plano de trabalho para alcançar a meta da Sprint.

- **Participantes:** Os Desenvolvedores devem participar da Reunião Diária. O Scrum Master Apenas deve garantir que a reunião aconteça. O Product Owner pode participar apenas como ouvinte, podendo falar se for consultado.

- **Por que é importante:** A Reunião Diária é fundamental para garantir que o Time Scrum permaneça focado em sua meta e esteja trabalhando de maneira colaborativa e transparente. É uma oportunidade para o Time Scrum identificar e remover impedimentos rapidamente, o que pode acelerar o progresso do trabalho. Além disso, a reunião ajuda a manter todos os membros do Time Scrum atualizados sobre o progresso do trabalho, garantindo que a meta da Sprint seja alcançada.

No entanto, é importante lembrar que a Reunião Diária não é um evento de resolução de problemas. Caso um impedimento seja identificado durante a reunião, o Time Scrum deve se comprometer a trabalhar juntos para resolvê-lo, mas a solução real do problema pode ser abordada após a reunião.

Em resumo, a Reunião Diária é uma parte vital do Scrum, fornecendo ao Time Scrum uma oportunidade diária de inspeção e adaptação, garantindo que a meta da Sprint seja alcançada e ajudando a remover impedimentos para o progresso do trabalho.

4. **Revisão da Sprint:** A revisão da Sprint é um evento que ocorre no final de cada Sprint e tem como objetivo principal inspecionar o incremento e adaptar o Product Backlog para o próximo Sprint. É importante ressaltar que esse evento envolve todo o time Scrum, incluindo o Scrum Master e o Product Owner.

Pontos relevantes:

- **Propósito:** O propósito da revisão da Sprint é revisar o trabalho realizado na Sprint e determinar o que foi feito e o que não foi feito. Além disso, é uma oportunidade para o time Scrum e as partes interessadas inspecionarem o incremento e adaptar o Product Backlog para o próximo Sprint.

- **Participantes:** O evento de revisão da Sprint é realizado com a presença de todo o time Scrum e as partes interessadas, como o Product Owner, stakeholders e usuários finais.

- **Por que é importante:** A revisão da Sprint é uma oportunidade para o time Scrum e as partes interessadas revisarem o trabalho realizado na Sprint e, assim, obterem feedback sobre o incremento entregue. Com base nesse feedback, o time Scrum pode identificar oportunidades de melhoria e adaptar o Product Backlog para o próximo Sprint, garantindo que o valor entregue seja maximizado.

Além disso, a revisão da Sprint é uma oportunidade para o time Scrum e as partes interessadas se envolverem de forma colaborativa e interativa, o que ajuda a construir uma relação de confiança e parceria no desenvolvimento do produto.

Cabe ao Product Owner conduzir a revisão da Sprint e garantir que os objetivos estabelecidos no início da Sprint foram alcançados. O Scrum Master, por sua vez, deve garantir que o evento seja conduzido de forma eficaz e colaborativa.

Em resumo, a revisão da Sprint é um evento importante no Scrum, pois fornece feedback e insights valiosos para o time Scrum e as partes interessadas, ajudando-os a maximizar o valor entregue e a construir uma relação colaborativa e de confiança no desenvolvimento do produto.

5.   **Retrospectiva:** A Retrospectiva é um evento fundamental no Scrum que acontece ao final de cada Sprint, sendo uma oportunidade para o Time do Scrum inspecionar seu trabalho, refletir sobre seu desempenho e identificar possíveis melhorias para o próximo Sprint.

Pontos relevantes:

- **Propósito:** O propósito da Retrospectiva é identificar as ações que foram bem-sucedidas durante a Sprint e aquelas que não foram, e discutir como a equipe pode melhorar seu processo de trabalho.

- **Participantes:** Todos os membros do Time do Scrum participam da Retrospectiva, incluindo o Scrum Master e o Product Owner. A presença de todos é importante para que haja uma visão coletiva sobre o desempenho do time e sejam discutidas possíveis melhorias.

- **Por que é importante:** A Retrospectiva é um momento para a equipe refletir sobre seu trabalho e colaborar para identificar maneiras de melhorar seu processo. Isso ajuda a aumentar a auto-organização do time, estimulando a participação ativa de todos os membros. A Retrospectiva é uma oportunidade para a equipe aprender com suas experiências e melhorar continuamente seu processo de trabalho. Isso permite que o time se adapte e responda às mudanças com mais agilidade, garantindo a entrega de um produto de qualidade.

Em resumo, a Retrospectiva é um evento crucial para a melhoria contínua do Time do Scrum. Ao refletir sobre o processo, a equipe pode identificar oportunidades de melhoria e aumentar a eficiência do trabalho, permitindo uma entrega mais efetiva do produto.

3.8. Os artefatos do Scrum

Os artefatos são peças fundamentais no framework Scrum, pois são responsáveis por fornecer informações relevantes e em tempo hábil para a tomada de decisão, tornando-se essenciais para o sucesso de um projeto. Eles são criados, atualizados e utilizados pela equipe Scrum, ajudando na transparência do processo, no gerenciamento do progresso e na obtenção de feedbacks constantes. Com o objetivo de facilitar a comunicação e a colaboração entre os membros da equipe, os artefatos devem ser claros, concisos e de fácil entendimento, promovendo uma visão geral do que está acontecendo no projeto. Neste texto, iremos explorar a importância dos três artefatos do Scrum: Product Backlog,

Sprint Backlog e Incremento, bem como a forma como cada papel no Scrum trabalha com eles.

Importância dos artefatos no Scrum:

• **Transparência:** os artefatos são responsáveis por garantir a transparência do processo de desenvolvimento. Isso significa que todos os envolvidos têm acesso às mesmas informações, tornando mais fácil a tomada de decisão e a identificação de problemas.

• **Gerenciamento:** os artefatos servem como um meio de gerenciamento do processo de desenvolvimento. Com eles, é possível medir o progresso do trabalho, estabelecer prioridades e manter o foco no que é mais importante para o projeto.

• **Comunicação:** os artefatos promovem a comunicação clara e efetiva entre os membros da equipe do Scrum. Eles são uma fonte de informação compartilhada entre todos, permitindo que todos estejam na mesma página em relação ao progresso do projeto.

• **Visibilidade:** os artefatos tornam o trabalho da equipe visível para todos os envolvidos no projeto. Isso inclui o progresso, o planejamento, os requisitos e as entregas. Com a visibilidade fornecida pelos artefatos, os problemas podem ser identificados mais rapidamente e a tomada de decisão é mais efetiva.

• **Melhoria contínua:** os artefatos servem como base para a melhoria contínua do processo de desenvolvimento. Com a medição do progresso e a identificação de problemas, é possível tomar ações corretivas e preventivas para aprimorar o processo.

• **Responsabilidade:** os artefatos são uma forma de garantir que todos os envolvidos no projeto do Scrum estejam cumprindo com suas responsabilidades. Cada artefato tem um propósito específico e uma pessoa responsável por sua criação e manutenção, o que ajuda a manter a equipe responsável e comprometida com o sucesso do projeto.

Os três artefatos no Scrum são:

1.   **Product Backlog:** O Product Backlog é um artefato fundamental do Scrum, sendo responsável por registrar as funcionalidades e requisitos do produto que está sendo desenvolvido. Neste módulo, vamos entender melhor sobre sua importância, seus elementos e como ele deve ser gerenciado ao longo do projeto.

Pontos relevantes:

- **Importância do Product Backlog:** O Product Backlog é o registro oficial das funcionalidades e requisitos do produto a ser desenvolvido. Ele é o ponto de partida para o planejamento de cada Sprint, assim como para o planejamento do projeto como um todo. Por isso, sua elaboração e gestão devem ser feitas com muito cuidado e atenção, garantindo que todas as necessidades do produto sejam contempladas.

- **Elementos do Product Backlog:** O Product Backlog é composto por itens, que representam as funcionalidades e requisitos do produto. Cada item deve ser escrito de forma clara e objetiva, de modo que todos os envolvidos no projeto possam entender o que é necessário para desenvolver o produto. Além disso, cada item deve ser priorizado pelo Product Owner, que é o responsável por definir a ordem em que as funcionalidades serão implementadas.

- **Gerenciamento do Product Backlog:** O Product Backlog é dinâmico e deve ser gerenciado ao longo do projeto. Isso significa que novos itens podem ser adicionados e outros podem ser removidos, conforme as necessidades do produto e do projeto. Além disso, os itens devem ser constantemente refinados e atualizados, garantindo que o Product Backlog esteja sempre atualizado e refletindo as necessidades do produto.

O Product Owner é o responsável pelo gerenciamento do Product Backlog, garantindo que ele esteja sempre atualizado e que as prioridades estejam bem definidas. Além disso, ele deve trabalhar em conjunto com o time de desenvolvimento, para garantir que os itens do Product Backlog sejam claros e entendidos por todos.

Em resumo, o Product Backlog é um artefato fundamental do Scrum, responsável por registrar as funcionalidades e requisitos do produto a ser desenvolvido. Sua importância está em garantir que o produto seja desenvolvido de forma organizada e eficiente, contemplando todas as necessidades do cliente e do projeto. O gerenciamento do Product Backlog é responsabilidade do Product Owner, que deve trabalhar em conjunto com o time de desenvolvimento para garantir a qualidade e atualização do Product Backlog ao longo do projeto.

2. **Sprint Backlog:** O Sprint Backlog é um artefato do Scrum que contém a lista de itens do Product Backlog selecionados para a Sprint, juntamente com um plano para entregar o incremento da Sprint e atingir o objetivo da Sprint. Ele é criado durante o planejamento da Sprint e é propriedade do Time de Desenvolvimento.

Pontos relevantes:

- **Importância do Sprint Backlog:** O Sprint Backlog é importante porque é a principal fonte de trabalho para os Desenvolvedores durante a Sprint. Ele fornece transparência sobre o trabalho que deve ser realizado e ajuda a garantir que o Time de Desenvolvimento esteja focado em entregar o objetivo da Sprint.

- **Elementos do Sprint Backlog:** O Sprint Backlog é composto por itens do Product Backlog selecionados para a Sprint, além das tarefas, estimativas, responsáveis e critérios de conclusão relacionados a cada item. Esses elementos são definidos durante o planejamento da Sprint e podem ser atualizados durante o Sprint, conforme necessário.

- **Gerenciamento do Sprint Backlog:** O Sprint Backlog é gerenciado pelos Desenvolvedores, que são responsáveis por atualizá-lo diariamente durante a Reunião Diária da Sprint. Durante essa reunião, os Desenvolvedores revisam o progresso do trabalho, atualiza as estimativas restantes e identifica quaisquer obstáculos que estejam impedindo o progresso.

Em resumo, o Sprint Backlog é uma ferramenta crucial para o sucesso do Scrum, pois ajuda os Desenvolvedores a manter o foco no objetivo da Sprint e a garantir a transparência sobre o trabalho que precisa ser realizado. É importante que os Desenvolvedores gerenciem o Sprint Backlog de forma eficaz, atualizando-o diariamente durante a Reunião Diária da Sprint e garantindo que ele esteja sempre refletindo o trabalho restante e o progresso realizado.

3. **Incremento:** O incremento da sprint é um produto parcial e funcional, desenvolvido em cada ciclo do Scrum. É uma adição tangível e mensurável de valor ao produto, criada pelos Desenvolvedores através da implementação das funcionalidades selecionadas do Product Backlog durante a Sprint. Cada incremento é integrado ao produto geral e deve estar em conformidade com a definição de pronto acordada pelo time. O incremento é um dos principais objetivos do Scrum, garantindo que o produto seja construído em partes iterativas, gerando valor para o cliente e aumentando a qualidade do produto ao longo do tempo.

Pontos relevantes:

- **Importância do Incremento:** O Incremento é a soma de todas as histórias de usuário e itens de backlog de produto entregues ao final de cada Sprint. É a medida de progresso do time e representa um produto potencialmente utilizável e entregável ao final de cada Sprint. O Incremento é a principal referência para o Product Owner e o time decidirem o que será desenvolvido na próxima Sprint.

- **Elemento do Incremento:** O Incremento é composto por todas as histórias de usuário e itens do backlog de produto que foram finalizadas e testadas pelos Desenvolvedores durante a Sprint. Cada história de usuário deve atender à sua definição de Pronto, incluindo testes e documentação.

- **Gerenciamento do Incremento:** O Incremento é gerenciado pelo time de desenvolvimento, que é responsável por garantir que todas as histórias de usuário e itens do backlog de produto incluídos no Incremento estejam concluídos e testados. Os Desenvolvedores devem garantir que o Incremento esteja integrado e funcione corretamente com o restante do produto.

Em resumo, O Incremento é fundamental para o sucesso do Scrum, pois representa o progresso do time e o valor entregue ao cliente a cada Sprint. O time de desenvolvimento deve garantir que o Incremento seja entregue ao final de cada Sprint e que atenda à sua definição de conclusão. O Product Owner deve usar o Incremento como uma referência para tomar decisões sobre o que será desenvolvido na próxima Sprint e o Scrum Master deve garantir que o Incremento seja gerenciado corretamente pelo time de desenvolvimento.

4. Os desafios na Implementação

4.1. O fator humano como ponto decisivo para o sucesso

O Scrum é uma metodologia ágil que se tornou cada vez mais popular nos últimos anos. Essa metodologia tem como objetivo aumentar a eficiência e a eficácia das equipes de desenvolvimento de produtos, permitindo que elas entreguem resultados de alta qualidade em menos tempo. No entanto, a implementação bem-sucedida do Scrum é frequentemente dificultada pelo fator humano.

A maioria dos profissionais e empresas fracassam ou sofrem muito na implementação do Scrum quando tentam aplicá-lo como uma metodologia tradicional, onde todos os processos são massivamente descritos e só é preciso seguir, como uma receita de bolo. Esse erro é fatal! A maioria das pessoas estão acostumadas a seguir um roteiro, a ter alguém lhes dizendo o que fazer, como fazer e quando fazer. Esse é um ponto que não pode ser negligenciado.

Então dois fatores são necessários avaliar antes da implementação: Primeiro ponto, o Scrum é um framework criado para orientar e guiar a inteligência coletiva das pessoas, ou seja, ele não diz passo a passo o que e como será feito o trabalho. Ao contrário disso, ele acredita que os times são autogerenciáveis, mas na verdade eles não são, precisam aprender, precisam ser treinados e isso leva muito tempo. O Scrum não é apenas um processo, é uma cultura que precisa ser absorvida pelas pessoas que fazem parte da equipe.

Segundo fator a ser considerado, o Scrum é baseado em duas filosofias, ou seja, é um conjunto de crenças e valores que orientam o pensamento e as ações das pessoas e de uma organização. Então, mais uma vez temos um fator humano, e não uma receita de bolo pronta com todos os processos e procedimentos que só precisam ser seguidos, mas sim uma filosofia baseada no fator humano. O Scrum não é apenas uma maneira de fazer as coisas, é uma maneira de pensar sobre como fazê-las.

Por isso, o ponto crucial de partida para a implementação do Scrum é atuar no "ser humano", na sua mentalidade, na sua forma de pensar, na sua forma de atuar em time, como uma pessoa capaz e pronta para se autogerenciar. Sem trabalhar nisso, é basicamente impossível implementar o Scrum com sucesso, ou sem encontrar muita resistência, que é o primeiro sintoma que demonstra que o caminho está errado.

Isso requer tempo, dedicação e investimento. A equipe precisa ser treinada e educada sobre a "filosofia" do Scrum e sobre como trabalhar em conjunto para atingir os objetivos comuns. A liderança também deve estar comprometida em mudar a cultura da empresa para uma abordagem mais ágil e orientada a resultados.

Além disso, é essencial que a equipe tenha uma compreensão clara das responsabilidades individuais e coletivas e dos papéis de cada membro da equipe. Cada pessoa deve ser capaz de trabalhar de forma autônoma e colaborativa, sem esperar por uma supervisão constante.

A comunicação eficaz é fundamental para a colaboração, e isso não se trata apenas de falar e ouvir. A comunicação eficaz envolve entender e se adaptar ao estilo de comunicação de cada pessoa, ser claro e transparente em relação aos objetivos e expectativas e fornecer feedback construtivo. A falta de comunicação ou comunicação inadequada pode levar a mal-entendidos, atrasos e conflitos desnecessários.

Outro aspecto importante é a criação de uma cultura de confiança. A equipe precisa confiar uns nos outros para ser capaz de se autogerenciar e tomar decisões coletivas. Isso requer a criação de um ambiente seguro e respeitoso, onde as pessoas possam expressar suas opiniões livremente, sem medo de represálias. Além disso, os membros da equipe precisam se sentir confortáveis em admitir suas falhas e pedir ajuda quando necessário, sem se sentir julgados ou punidos.

Por fim, é importante reconhecer que a implementação bem-sucedida do Scrum é um processo contínuo. As equipes precisam estar dispostas a aprender com seus erros e aprimorar continuamente seu processo de trabalho. Isso significa estar aberto a mudanças e adaptações, e estar disposto a experimentar novas abordagens.

Em resumo, a implementação bem-sucedida do Scrum requer um forte foco no fator humano. As equipes precisam ser treinadas e orientadas a adotar uma mentalidade autogerenciável, a comunicar-se efetivamente, a construir uma cultura de confiança e a estar dispostas a aprender e evoluir continuamente. Somente quando esses fatores são levados em consideração, o Scrum pode ser implementado com sucesso e os projetos podem ser entregues de forma mais eficiente e eficaz.

4.2. A negação - como lidar com a resistência à mudança.

A implementação do Scrum em uma organização pode ser um processo desafiador e complexo, que envolve mudanças significativas na cultura e nos processos de trabalho existentes. É natural que muitas pessoas resistam à mudança, especialmente se elas não compreendem completamente a importância e os benefícios do Scrum. Portanto, o primeiro ponto que um agilista precisa saber quando for implementar o Scrum é que as pessoas vão resistir e entrar em negação. Por isso, é essencial estar bem-preparado profissionalmente e psicologicamente para lidar com a resistência.

Resistência à mudança:

A resistência à mudança é um comportamento natural do ser humano. As pessoas tendem a se sentir desconfortáveis com a mudança e a preferir a estabilidade e a previsibilidade. Além disso, o medo do desconhecido e da incerteza pode levar a resistência à mudança. Portanto, é essencial que o agilista esteja ciente desses fatores e esteja preparado para lidar com a resistência.

Estratégias para lidar com a resistência à mudança na implementação do Scrum:

1. **Comunicação efetiva:** A comunicação efetiva é fundamental para superar a resistência à mudança. O agilista deve

comunicar claramente a importância e os benefícios do Scrum para a organização e para os indivíduos envolvidos no processo. Além disso, o agilista deve estar disponível para responder a perguntas e esclarecer dúvidas sobre o Scrum.

2. **Treinamento adequado:** O treinamento adequado é fundamental para garantir que todos na organização compreendam o Scrum e possam implementá-lo corretamente. O agilista deve fornecer treinamento adequado e suporte contínuo para garantir que todos os envolvidos no processo estejam preparados e capacitados para implementar o Scrum.

3. **Participação ativa:** A participação ativa é essencial para superar a resistência à mudança. O agilista deve incentivar a participação ativa de todos os envolvidos no processo de implementação do Scrum. Isso pode envolver a criação de grupos de trabalho ou equipes dedicadas à implementação do Scrum.

4. **Identificação das razões para a resistência:** O agilista deve identificar as razões para a resistência à mudança. Isso pode envolver a realização de pesquisas ou entrevistas com os membros da equipe para entender melhor as preocupações e objeções que eles possam ter em relação ao Scrum. A partir dessa identificação, o agilista pode desenvolver estratégias específicas para lidar com as preocupações e objeções.

5. **Gestão de mudanças:** A gestão de mudanças é um processo estruturado para lidar com a resistência à mudança. O agilista deve implementar uma estratégia de gestão de mudanças para garantir que todos na organização estejam preparados e engajados na implementação do Scrum. Isso pode envolver a criação de um plano de comunicação, o envolvimento de líderes de equipe e a implementação de um plano de treinamento.

Em resumo, lidar com a resistência à mudança na implementação do Scrum é um grande desafio para os agilistas. É necessário estar preparado para enfrentar essa realidade e não se deixar abater pelos obstáculos que surgirem. A comunicação efetiva, a empatia, a flexibilidade, a colaboração e a demonstração prática dos benefícios do Scrum são algumas das estratégias que podem ajudar a superar a resistência e garantir o sucesso da implementação. É importante lembrar que nem todas as pessoas vão aceitar a mudança e é preciso saber lidar com isso. Foque em quem está disposto a seguir junto com você e coloque suas energias nas pessoas que compartilham dos mesmos valores e objetivos. Com perseverança e dedicação, é possível transformar a cultura organizacional e alcançar a tão desejada transformação ágil.

4.3. Equipes autogerenciáveis?

Uma das premissas fundamentais do Scrum é a ideia de que as equipes devem ser autogerenciáveis. Mas o que significa, de fato, ser autogerenciável? Em termos gerais, uma equipe autogerenciável é aquela que tem a habilidade de se organizar, planejar e executar suas tarefas sem a necessidade de uma supervisão constante. Em outras palavras, é uma equipe que tem a capacidade de tomar decisões e resolver problemas de forma independente. No entanto, essa é uma habilidade que nem todas as equipes possuem desde o início.

Dentro do mundo do Scrum, a ideia de equipes autogerenciáveis é muitas vezes questionada, pois muitos acreditam que, na prática, as equipes não são capazes de tomar decisões por conta própria. Muitas equipes, especialmente as que estão começando a trabalhar com o Scrum, ainda precisam de um líder que direcione suas atividades e ajude a garantir que as metas sejam alcançadas. Afinal, quando as pessoas são colocadas em um grupo, elas tendem a se acomodar e esperar que outras pessoas assumam a liderança.

Porém, a verdade é que, com o tempo, as equipes podem e devem desenvolver sua capacidade de autogerenciamento. Quando as pessoas são capazes de trabalhar juntas de forma eficaz, elas podem se tornar muito mais produtivas do que quando trabalham separadamente. É por isso que o Scrum incentiva a formação de equipes autogerenciáveis, pois isso pode aumentar a eficiência, a qualidade e a satisfação dos membros da equipe.

A seguir, apresentamos alguns dos principais obstáculos que as equipes podem enfrentar em relação à auto gerenciabilidade e algumas estratégias para superá-los:

1. **Empoderamento:** para que a equipe assuma responsabilidades e se torne autogerenciável, é necessário que ela se sinta empoderada para tomar decisões e agir de forma autônoma. Isso pode ser alcançado por meio da delegação de responsabilidades e da criação de um ambiente de confiança, onde os membros da equipe se sintam seguros para tomar decisões e assumir riscos.

2. **Definição clara de papéis e responsabilidades:** para que a equipe seja autogerenciável, é preciso que cada membro tenha clareza sobre seus papéis e responsabilidades. Isso ajuda a evitar conflitos e garante que cada pessoa possa contribuir de forma efetiva para o sucesso do projeto.

3. **Comunicação clara e transparente**: a comunicação é fundamental para o sucesso de qualquer equipe, especialmente para equipes autogerenciáveis. É importante que a comunicação seja clara e transparente, de forma que todos os membros da equipe possam acompanhar o progresso do projeto, identificar problemas e tomar decisões de forma colaborativa.

4. **Estabelecimento de objetivos claros e mensuráveis:** para que a equipe seja autogerenciável, é preciso que todos os membros tenham clareza sobre os objetivos do projeto e sobre o que é esperado de cada um. Além disso, é importante que os objetivos sejam mensuráveis, para que a equipe possa avaliar seu progresso e identificar áreas que precisam de melhorias.

5. **Falta de confiança:** a falta de confiança entre os membros da equipe pode ser um grande obstáculo para a auto gerenciabilidade. Quando os membros da equipe não confiam uns nos outros, pode haver resistência em aceitar novas ideias e opiniões, além de dificultar a tomada de decisões e a colaboração. Por isso, é importante promover a construção de um ambiente de confiança e segurança psicológica, onde os membros da equipe possam compartilhar opiniões e

ideias sem medo de represálias. Estimular a criação de laços entre os membros da equipe e a valorização da diversidade ajuda a superar esse desafio.

6. **Falta de habilidades técnicas:** Para que a equipe seja autogerenciável, é necessário que seus membros possuam as habilidades técnicas necessárias para executar as suas tarefas. Quando há falta de habilidades técnicas, pode ocorrer sobrecarga em alguns membros da equipe e atraso na execução das tarefas. Assim, investir em treinamentos e capacitações para desenvolvimento das habilidades técnicas dos membros da equipe e uma forma de superar esse desafio. Outro ponto importante é promover a troca de conhecimentos entre os membros da equipe e estimular a aprendizagem colaborativa.

Em resumo, embora o conceito de equipes autogerenciáveis seja um dos pilares do Scrum, a verdade é que a jornada até a autogerência é longa e cheia de desafios. A falta de liderança clara, a resistência à mudança, a falta de cultura ágil, entre outros fatores, pode dificultar o desenvolvimento de equipes autogerenciáveis. No entanto, com estratégias como o empoderamento, formação e treinamento, definição clara de papéis e responsabilidades, comunicação clara e transparente e estabelecimento de objetivos claros e mensuráveis, é possível superar essas barreiras e criar equipes altamente eficazes e autogerenciáveis.

4.4. Na implantação do Scrum, sua paciência será testada ao limite

O papel de um Agile Coach, Agile Master ou Scrum Master na implementação do Scrum pode ser extremamente desafiador. Esses profissionais são responsáveis por liderar as equipes de desenvolvimento na adoção do framework Scrum, e muitas vezes encontram barreiras, resistências e equipes despreparadas que podem desestabilizá-los emocionalmente e testar sua paciência ao limite. Porém, é importante que eles permaneçam calmos e focados para superar esses obstáculos e levar as equipes de desenvolvimento ao sucesso.

Neste texto, irei explorar os desafios que surgem quando se trata de lidar com profissionais arrogantes, mal-educados e grosseiros, bem como aqueles que ignoram a existência do Scrum e como um Scrum Master pode lidar com eles.

1.   **Profissionais Arrogantes:** Lidar com profissionais arrogantes pode ser um desafio para qualquer Agilista, pois essa atitude pode prejudicar o ambiente de trabalho, diminuir a produtividade da equipe e até mesmo causar conflitos. Além disso, a arrogância pode impedir que um indivíduo esteja aberto a críticas ou feedback construtivo, o que é essencial para a melhoria contínua do time.

Estratégias para lidar com essa situação:

• Uma estratégia eficaz é abordar a situação de forma assertiva, mas não confrontadora. O Agilista pode tentar entender o motivo da arrogância, como medo de falhar ou a necessidade de demonstrar superioridade. Ao fazer isso, o Agilista pode trabalhar com o indivíduo para encontrar soluções e incentivar a colaboração. É importante ter em mente que a arrogância pode ser uma defesa para a insegurança e, portanto, é essencial criar um ambiente seguro e acolhedor para todos os membros da equipe.

2.   **Profissionais Mal-educados e Grosseiros:** Profissionais mal-educados e grosseiros podem prejudicar seriamente a dinâmica do time e impactar negativamente a cultura da equipe. Eles podem ser críticos, ofensivos e até mesmo hostis em suas interações com outros membros da equipe, o que pode levar a conflitos e uma diminuição da produtividade.

Estratégias para lidar com essa situação:

• O Agilista deve enfrentar essa situação de forma assertiva e definir limites claros de comportamento aceitável. Se o comportamento persistir, o Agilista pode considerar ações disciplinares, como uma conversa formal ou um processo de remoção da equipe, se necessário.

3.   **Profissionais que Ignoram a Existência do Scrum:** É importante lembrar que a adoção do Scrum pode ser um processo difícil para algumas equipes e indivíduos. Às vezes, membros da equipe podem

ser resistentes a mudanças, desconfiar de novas metodologias ou simplesmente não entender o propósito do Scrum.

Estratégias para lidar com essa situação:

• O Scrum Master pode lidar com essa situação ao educar os membros da equipe sobre os benefícios do Scrum, fornecendo treinamento e orientação sobre como aplicar a metodologia corretamente. Ele também pode ser proativo em envolver membros da equipe em eventos do Scrum, como reuniões diárias, revisões de sprint e retrospectivas, para mostrar como a metodologia funciona na prática e fornecer oportunidades para que os membros da equipe possam aprender a metodologia.

Para superar esses desafios, é importante que os Agilistas sejam pacientes, persistentes e confiantes em seu trabalho. Aqui estão algumas estratégias para ajudar a manter o foco e a calma em situações difíceis:

1. **Pratique a empatia:** É importante entender que as pessoas podem estar resistindo ao processo de mudança ou podem estar passando por dificuldades pessoais que podem afetar seu comportamento no trabalho. Tente colocar-se no lugar delas e compreender suas perspectivas e necessidades. Isso ajudará a criar um ambiente mais colaborativo e a gerar confiança entre você e os membros da equipe.

2. **Mantenha a comunicação aberta:** A comunicação é a chave para resolver conflitos e superar desafios. Certifique-se de manter um diálogo aberto com os membros da equipe, ouça seus pontos de vista e forneça feedback construtivo. Isso ajudará a criar um ambiente de confiança e colaboração.

3. **Pratique a resiliência:** O trabalho de um Agilista pode ser desafiador, mas é importante manter a resiliência em face de obstáculos e dificuldades. Aprenda a lidar com a pressão e o estresse e tenha uma mentalidade positiva para enfrentar os desafios.

4. **Seja um modelo:** Os membros da equipe tendem a seguir o exemplo dos líderes. Portanto, é importante que os Agilista

sejam modelos de comportamento positivo e proativo. Seja um líder ético, justo e comprometido com os valores do Scrum.

5.   **Busque apoio:** É importante ter uma rede de apoio para ajudar a enfrentar os desafios. Isso pode incluir outros Agilistas, líderes da organização ou mentores externos. Compartilhe suas experiências e busque orientação e feedback para melhorar seu trabalho.

6.   **Mantenha o foco no objetivo final:** Mantenha o foco no objetivo final de implementar o Scrum com sucesso. Lembre-se de que a resistência e os obstáculos fazem parte do processo de mudança e que, com paciência e perseverança, é possível superá-los.

Em resumo, o trabalho de um Agilista pode ser desafiador, mas é uma parte essencial da implementação bem-sucedida do Scrum. É importante manter a calma, a paciência e a confiança em seu trabalho, praticar a empatia, manter a comunicação aberta, ser resiliente, ser um modelo positivo, buscar apoio e manter o foco no objetivo final. Com essas estratégias, é possível superar os desafios e ajudar a equipe a alcançar o sucesso.

4.5.   Falta de apoio da liderança

A implementação do Scrum em uma organização pode ser uma tarefa desafiadora, especialmente quando os líderes resistem à mudança. A resistência da liderança pode criar uma barreira significativa para a implementação bem-sucedida do Scrum e pode resultar em problemas para as equipes e a organização como um todo. Neste tópico, vamos explorar os desafios que os líderes resistentes criam e identificar as estratégias para superar esses desafios.

A resistência dos líderes à implementação do Scrum pode criar uma barreira significativa para a mudança. Isso pode levar a problemas em diferentes áreas, incluindo:

1.   **Desalinhamento de objetivos:** Quando os líderes resistem à implementação do Scrum, os objetivos da equipe podem não estar alinhados com os objetivos da organização. Isso pode resultar em

equipes trabalhando em projetos que não têm prioridade ou relevância para a organização.

Estratégias para lidar com essa situação:

• Para evitar esse problema, os líderes devem ser envolvidos no processo de implementação do Scrum desde o início. Eles precisam entender como o Scrum pode ajudar a organização a alcançar seus objetivos e como eles podem desempenhar um papel na implementação bem-sucedida do Scrum.

2. **Falta de apoio:** Quando os líderes resistem à implementação do Scrum, as equipes podem não receber o apoio necessário para a mudança. Isso pode resultar em equipes desmotivadas e frustradas, o que pode prejudicar o desempenho da equipe.

Estratégias para lidar com essa situação:

• Para evitar esse problema, é essencial que os líderes forneçam o suporte necessário às equipes durante todo o processo de implementação. Eles precisam estar disponíveis para responder a perguntas e fornecer orientação e apoio quando necessário.

3. **Falta de recursos:** A falta de recursos pode ser um problema quando os líderes resistem à implementação do Scrum. Sem os recursos adequados, as equipes podem não ter as ferramentas ou os recursos necessários para implementar com sucesso o Scrum.

Estratégias para lidar com essa situação:

• Para evitar esse problema, é importante que os líderes forneçam os recursos necessários para a implementação bem-sucedida do Scrum. Isso pode incluir investimentos em ferramentas, treinamento e outras necessidades.

4. **Dificuldade na mudança de mentalidade:** Os líderes que resistem à implementação do Scrum podem ter uma mentalidade que não esteja alinhada com a filosofia ágil. Eles podem estar acostumados a

um ambiente de gerenciamento de projetos tradicional e ter dificuldade em se adaptar a uma nova maneira de trabalhar.

Estratégias para lidar com essa situação:

• Para superar esse desafio, é importante que os líderes sejam treinados e educados sobre a filosofia ágil e o Scrum. Eles precisam entender como o Scrum pode melhorar a eficiência e a qualidade do trabalho da equipe.

5. **Falta de liderança:** Quando os líderes resistem à implementação do Scrum, eles podem não fornecer a liderança necessária para ajudar as equipes a adotar o novo processo de trabalho. Isso pode levar a equipes desorientadas e desmotivadas.

Estratégias para lidar com essa situação:

• Para evitar esse problema, é importante que os líderes assumam a liderança durante todo o processo de implementação do Scrum. Eles devem ser os primeiros a adotar a filosofia ágil e o Scrum em sua rotina diária e demonstrar como a mudança pode melhorar a eficiência e a qualidade do trabalho da equipe.

Sem o apoio dos líderes, a implementação do Scrum na prática pode ser muito difícil. Os líderes desempenham um papel fundamental no sucesso do Scrum e devem ser os primeiros a adotar a filosofia ágil e o Scrum em sua rotina diária, fornecer suporte e recursos adequados e trabalhar em conjunto com as equipes para superar quaisquer desafios que surjam.

Quando os líderes são resistentes à mudança, é preciso jogo de cintura para buscar engajamento e apoio. A comunicação clara e aberta é fundamental para garantir que todos estejam na mesma página e que os objetivos e expectativas sejam alinhados. Além disso, é importante educar os líderes sobre a filosofia ágil e o Scrum para que eles possam entender a importância da mudança e como ela pode beneficiar a organização.

Com esforço e dedicação, é possível superar a resistência dos líderes e implementar com sucesso o Scrum na prática. O apoio adequado dos líderes e a colaboração das equipes são essenciais para colher os benefícios do Scrum e melhorar a eficiência e a qualidade do trabalho em toda a organização.

4.6. Quando a regularidade e participação dos eventos são questionadas

No Scrum, a regularidade nos eventos é fundamental para que o time possa cumprir com os seus compromissos e alcançar os objetivos definidos no planejamento do projeto. É necessário que todas as cerimônias, como reuniões diárias, revisões de sprint, planejamento de sprint e retrospectivas, ocorram sempre no mesmo local e horário. Além disso, a participação de todos os membros do time é essencial para que haja alinhamento e colaboração.

Entretanto, no caminho para se estabelecer essa regularidade, é comum encontrar três tipos de pessoas que podem representar barreiras à participação e ao comprometimento do time. São elas:

1. As pessoas que questionam a necessidade de realizar os eventos com regularidade: Essas pessoas tendem a achar que a regularidade não é tão importante e que as reuniões podem ser realizadas de forma flexível, conforme a disponibilidade de cada membro. Esse tipo de pensamento pode causar atrasos no projeto, além de dificultar a comunicação entre os membros do time.

2. As pessoas que questionam se a sua presença é realmente importante nos eventos: Algumas pessoas podem pensar que a sua presença não é essencial em determinadas cerimônias, o que pode levar a um comprometimento menor com o projeto e a uma possível desmotivação do restante do time.

3. As pessoas que dão desculpas para não comparecer aos eventos: Esse tipo de pessoa tende a marcar outros compromissos no mesmo horário dos eventos ou achar que a sua participação não é necessária. Isso pode prejudicar a colaboração do time e gerar conflitos entre os membros.

É importante ressaltar que a participação de todos os membros do time em todos os eventos é fundamental para o sucesso do processo de desenvolvimento. A seguir, apresentaremos algumas estratégias para evitar ou remover esses tipos de barreiras e conseguir construir times realmente engajados com os eventos.

Estratégias para evitar ou remover esses tipos de barreiras:

1.   **Comunicação clara e transparente:** Uma comunicação clara e transparente é essencial para garantir que todos os membros do time entendam a importância dos eventos e a necessidade da participação de todos. A equipe de liderança do projeto deve explicar o motivo de cada evento e seu impacto no processo de desenvolvimento.

2.   **Definir claramente os horários dos eventos:** Para que todos possam se planejar com antecedência, é fundamental que os horários dos eventos sejam definidos e divulgados com clareza. Dessa forma, os membros do time podem ajustar suas agendas de acordo com as necessidades do projeto.

3.   **Incentivar a participação e o comprometimento:** Para incentivar a participação e o comprometimento dos membros do time, é importante valorizar e reconhecer o esforço e a dedicação de cada um. Além disso, é fundamental criar um ambiente de trabalho colaborativo, em que todos se sintam à vontade para compartilhar ideias e sugerir melhorias.

4.   **Envolver todos os membros do time no processo de planejamento:** Envolver todos os membros do time no processo de planejamento ajuda a garantir que todos estejam alinhados e comprometidos com os objetivos do projeto. Dessa forma, todos se sentirão responsáveis pelo sucesso do projeto e se empenharão para alcançá-lo.

5. Mostrar os resultados e o impacto dos eventos: Mostrar os resultados e o impacto dos eventos no processo de desenvolvimento é uma forma de motivar os membros do time e reforçar a importância da participação de todos. Dessa forma, todos se sentirão parte do processo e entenderão que sua participação é fundamental para o sucesso do projeto.

6. Educação sobre o Scrum: É importante que todos os membros do time tenham um conhecimento claro sobre o Scrum e a importância da regularidade dos eventos. Dessa forma, eles poderão compreender como as cerimônias se relacionam entre si e qual é o impacto da sua participação na qualidade do produto final.

7. Estabelecimento de regras claras: Definir regras claras sobre a participação e a regularidade dos eventos, como horário e local, pode ajudar a garantir que todos os membros estejam presentes e que as reuniões ocorram de forma eficiente.

8. Valorização da participação de todos: É fundamental que todos os membros do time se sintam valorizados e reconhecidos pela sua participação nas cerimônias do Scrum. Isso pode ser feito por meio de feedbacks e reconhecimentos individuais e coletivos.

9. Resolução de conflitos: Quando surgirem conflitos relacionados à participação nos eventos, é importante que o time busque resolvê-los de forma colaborativa, ouvindo as diferentes opiniões e buscando soluções que sejam benéficas para todos.

10. Flexibilidade quando necessário: Embora a regularidade seja importante, é preciso ter flexibilidade em casos de imprevistos ou emergências. Nesses casos, é importante que o time esteja aberto a fazer ajustes no horário ou local das reuniões, desde que isso não comprometa o andamento do projeto.

A regularidade dos eventos e a participação do time são fundamentais para o sucesso do processo de desenvolvimento no Scrum. É importante que todos os membros do time entendam a importância dos eventos e a necessidade da participação de todos para alcançar os objetivos do projeto. Para isso, é necessário criar um ambiente de trabalho colaborativo, em que a comunicação seja clara e transparente, os horários dos eventos sejam definidos com antecedência, e todos os membros do time sejam incentivados e reconhecidos pelo seu esforço e dedicação. Além disso, é fundamental que todos estejam alinhados e comprometidos com os objetivos do projeto, e que possam visualizar os resultados e o impacto dos eventos no processo de desenvolvimento.

Ao implementar essas estratégias, é possível remover as barreiras que impedem a participação e o engajamento dos membros do time, e construir um time ágil e eficiente que possa entregar valor de forma consistente. A regularidade dos eventos e a participação do time são fatores essenciais para o sucesso do Scrum, e devem ser valorizados e mantidos ao longo de todo o processo de desenvolvimento.

4.7. Scrum por demanda não funciona

O Scrum é uma metodologia ágil de gerenciamento de projetos que tem se mostrado cada vez mais popular entre as empresas. No entanto, muitas organizações acabam adotando o Scrum de forma equivocada, implementando-o apenas em alguns projetos específicos, sem uma regularidade na sua aplicação. Essa prática, conhecida como Scrum por demanda, tem se mostrado ineficiente e até mesmo prejudicial para a cultura ágil da empresa.

O principal problema com o Scrum por demanda é que a metodologia não é aplicada de forma consistente. Equipes que trabalham em projetos gerenciados pelo Scrum e depois passam a trabalhar em projetos gerenciados por metodologias tradicionais, como cascata ou PMBOK, acabam se desmotivando e perdendo o ritmo ágil. Além disso, a cultura ágil não é criada, pois os times não conseguem estabelecer um modo de trabalho que promova a colaboração e a inovação.

A regularidade na aplicação do Scrum é fundamental para que a empresa possa criar uma cultura ágil. É importante que todos os projetos, independentemente da sua natureza ou porte, sejam gerenciados pela metodologia, para que todos os colaboradores possam se adaptar e se beneficiar das vantagens do Scrum. Além disso, a prática contínua ajuda a identificar e resolver problemas com mais agilidade, aprimorando a eficiência da equipe e aumentando a qualidade das entregas.

Aplicar o Scrum como se fosse um processo revolucionário de gaveta é um erro que pode trazer problemas para o projeto e para a organização como um todo. O Scrum não é apenas uma metodologia, mas uma mudança de cultura e de mindset. É preciso que a equipe esteja engajada e comprometida em tornar-se ágil, caso contrário, a metodologia não terá sucesso.

Os benefícios do Scrum são inúmeros. Com ele, é possível reduzir o tempo de entrega do projeto, melhorar a qualidade do produto final, aumentar a eficiência da equipe e diminuir os custos do projeto. Além disso, o Scrum ajuda a promover a colaboração e a comunicação entre as equipes, estimulando a inovação e a criatividade.

Portanto, se a sua empresa está considerando adotar o Scrum, é importante que essa decisão seja tomada com comprometimento e com a intenção de implementá-lo de forma consistente em todos os projetos. A mudança para uma cultura ágil não é fácil, mas é um processo que pode trazer benefícios enormes para a empresa e para as equipes envolvidas. É preciso ter em mente que a regularidade na aplicação do Scrum é tudo, e que somente assim é possível obter os melhores resultados e criar uma cultura de inovação e colaboração na organização.

4.8. Scrum não é para todos

É preciso admitir que pode parecer arrogante afirmar que o Scrum não é para todos, afinal, essa metodologia tem sido amplamente utilizada em diversas empresas e setores com resultados positivos. No entanto, é importante destacar que nem toda empresa está pronta para implementar o Scrum, e nem todo profissional está pronto para vivenciar essa metodologia.

O primeiro ponto a ser abordado é que muitas empresas se deixam levar pelo sucesso de outras na implementação do Scrum e acham que vão conseguir o mesmo na suas empresas. Elas se esquecem de que cada organização possui uma cultura diferente e que a implementação do Scrum requer uma mudança de mentalidade muito grande. Além disso, é preciso que toda a equipe esteja engajada e comprometida com a metodologia, caso contrário, a implementação do Scrum será falha.

A cultura organizacional pode ser um obstáculo para a implementação do Scrum. Algumas empresas possuem uma cultura hierárquica e autoritária, em que a tomada de decisões é centralizada em poucas pessoas. Nesse tipo de ambiente, a implementação do Scrum pode ser dificultada, pois o framework exige que a equipe tenha autonomia e que as decisões sejam tomadas de forma descentralizada. Além disso, a cultura da empresa pode ser avessa a mudanças, o que dificulta a adaptação ao Scrum.

Outro ponto a ser destacado é que a implementação do Scrum requer uma mudança de mentalidade significativa, tanto dos líderes quanto dos colaboradores. A metodologia exige que a equipe seja autogerenciável, tenha uma visão holística do projeto e seja capaz de se adaptar às mudanças ao longo do processo. Essa mudança de mentalidade pode ser difícil para algumas pessoas que estão acostumadas com modelos tradicionais de gestão, que priorizam a previsibilidade e o controle.

Infelizmente, nem todos os profissionais estão preparados para vivenciar o Scrum, pois o framework exige uma mudança de mentalidade muito grande e algumas pessoas, por mais que possam ser treinadas, vão seguir lutando contra o Scrum. Isso porque o Scrum requer um nível de comprometimento e engajamento muito grande por parte de todos os membros da equipe. Se algum membro da equipe não estiver disposto a mudar a sua mentalidade e a forma como trabalha, a implementação do Scrum pode ser comprometida.

Além disso, algumas pessoas têm dificuldade em lidar com a autonomia que o Scrum proporciona. A metodologia exige que a equipe seja autogerenciável e tome decisões de forma descentralizada. Isso pode ser um desafio para alguns profissionais que estão acostumados a seguir ordens e não possuem a habilidade de tomar decisões.

Em suma, o Scrum é uma metodologia eficiente para gerenciamento de projetos, mas é preciso ter em mente que nem toda empresa está preparada para implementá-lo e nem todo profissional está pronto para vivenciar essa metodologia. A cultura organizacional, a mudança de mentalidade exigida pelo framework e a formação dos profissionais são alguns dos fatores que podem influenciar na implementação do Scrum. É importante que as empresas avaliem sua cultura organizacional e capacitem seus profissionais para a implementação do Scrum de forma eficiente e consciente. Aqueles que não estiverem preparados para a metodologia, devem buscar outras alternativas que se adequem melhor ao seu perfil e às necessidades do projeto.

4.9. Scrum versus Hierarquia – Como viver em harmonia

O Scrum é um modelo de gestão de projetos que tem se mostrado cada vez mais popular em diversas empresas ao redor do mundo. Uma das características fundamentais desse modelo é a ausência de hierarquia em um Time Scrum, onde todos os membros têm igual importância e voz nas decisões.

Nesse modelo de trabalho, todos os membros da equipe têm a mesma importância e suas opiniões devem ser respeitadas. Esse formato de trabalho busca promover a colaboração, a transparência e a autonomia, visando alcançar melhores resultados para a organização.

No entanto, nem todas as empresas têm uma cultura organizacional compatível com o Scrum. Muitas organizações ainda operam com estruturas hierárquicas e autoritárias, o que pode criar barreiras significativas para a adoção do Scrum.

Estrutura Hierárquica

Em uma empresa com estrutura hierárquica, as decisões são tomadas no topo da cadeia de comando e são repassadas para as camadas inferiores. Isso significa que a autonomia dos membros da equipe é limitada e as tarefas são rigidamente definidas e atribuídas.

A hierarquia também pode dificultar a comunicação entre os membros da equipe. As informações muitas vezes são filtradas pelos gestores, o que pode levar a uma perda de transparência e de agilidade.

Outro aspecto negativo da hierarquia é que ela pode levar a uma cultura de medo e de punição. Os membros da equipe podem se sentir inibidos em expressar suas opiniões, por medo de retaliações ou de não serem ouvidos. Isso pode levar a uma falta de engajamento e de comprometimento, e comprometer a qualidade do trabalho.

Estrutura Autoritária

Uma empresa com estrutura autoritária é ainda mais rígida do que uma empresa com estrutura hierárquica. Nesse modelo, as decisões são tomadas por uma única pessoa, que detém todo o poder na organização. Os membros da equipe têm pouca ou nenhuma autonomia e as tarefas são rigidamente definidas e atribuídas.

A estrutura autoritária também pode levar a uma cultura de medo e de punição, semelhante à hierárquica. Os membros da equipe podem se sentir intimidados em expressar suas opiniões e ideias, o que pode comprometer a qualidade do trabalho e afetar a motivação e o engajamento.

Essas culturas podem criar barreiras significativas para a implementação do Scrum, como:

1. **Falta de colaboração:** O Scrum é uma metodologia que enfatiza a colaboração entre a equipe e a interação frequente com o cliente. No entanto, em uma cultura hierárquica e autoritária, as decisões são tomadas apenas pelos líderes da organização, e a colaboração entre as equipes pode ser prejudicada.

2. **Falta de transparência:** O Scrum enfatiza a transparência, com informações sendo compartilhadas abertamente com todas as partes interessadas. No entanto, em uma cultura hierárquica e autoritária, a transparência pode ser limitada, já que as informações são retidas apenas pelos líderes da organização.

3.   Falta de autonomia: O Scrum dá aos membros da equipe a autonomia necessária para tomar decisões e agir de acordo com as necessidades do projeto. No entanto, em uma cultura hierárquica e autoritária, a autonomia é limitada, com as decisões sendo tomadas apenas pelos líderes da organização.

4.   Resistência à mudança: O Scrum enfatiza a adaptação, com mudanças frequentes sendo feitas ao longo do processo de desenvolvimento. No entanto, em uma cultura hierárquica e autoritária, a resistência à mudança pode ser alta, já que as mudanças são vistas como uma ameaça ao status quo.

Apesar desses desafios, é possível que o Scrum e uma cultura hierárquica e autoritária possam viver em harmonia e trazer resultados positivos para os projetos e para os times. Abaixo estão algumas maneiras pelas quais isso pode ser alcançado:

1.   Liderança consciente: Os líderes da organização devem compreender a importância do Scrum e se engajar na sua implementação. Eles devem estar dispostos a abrir mão do controle centralizado e dar mais autonomia para a equipe, incentivando a colaboração e a transparência.

2.   Comunicação efetiva: É fundamental que todos os membros da equipe sejam ouvidos e que suas opiniões sejam levadas em consideração. A comunicação aberta e transparente é fundamental para o sucesso do Scrum em uma cultura hierárquica e autoritária.

3.   Treinamento: É necessário que a equipe seja capacitada e treinada nos conceitos do Scrum. Além disso, é preciso ensinar como aplicar esses conceitos em um ambiente hierárquico e autoritário. Isso pode ajudar a promover a colaboração e a transparência.

4.   Flexibilidade: É preciso ter flexibilidade para adaptar o Scrum às particularidades da cultura organizacional. Por exemplo, em uma organização mais hierárquica, pode ser necessário manter uma estrutura de liderança mais forte, mas ainda assim dar mais autonomia à equipe e promover a colaboração.

5.   Estabelecer metas claras: É importante estabelecer metas claras e alcançáveis para a equipe, de forma que todos saibam o que é esperado deles. Isso ajuda a manter o foco e a direcionar os esforços para objetivos comuns.

6.   Incentivar a aprendizagem contínua: O Scrum enfatiza a aprendizagem contínua e a melhoria contínua. É importante incentivar a equipe a buscar conhecimento e a estar sempre aberta a novas ideias e abordagens.

7.   Reconhecer e valorizar os membros da equipe: É fundamental que os membros da equipe sejam reconhecidos e valorizados por seu trabalho e contribuição. Isso ajuda a manter a motivação e o engajamento, e contribui para um ambiente de trabalho mais saudável e produtivo.

Em resumo, a cultura hierárquica e autoritária pode apresentar desafios significativos para a implementação do Scrum em uma organização. No entanto, com a liderança consciente, comunicação efetiva, treinamento, flexibilidade, estabelecimento de metas claras, incentivo à aprendizagem contínua e valorização dos membros da equipe, é possível harmonizar o Scrum com essa realidade. A adoção dessas práticas pode trazer resultados positivos para os projetos e para a equipe, promovendo a colaboração, a transparência, a autonomia e a adaptação.

4.10. Times ágeis funcionam de forma diferentes!

A abordagem ágil tem se mostrado cada vez mais relevante para as empresas que desejam se adaptar às mudanças do mercado e ter um processo de desenvolvimento de software eficiente. O time ágil é o coração dessa abordagem, e entender como ele funciona é fundamental para desenvolver a agilidade em larga escala para todo o negócio. No entanto, muitos gestores e líderes ainda insistem em ignorar como essas equipes trabalham, mantendo a visão de "chefe" autoritário, detentor da força e do poder. Isso pode levar a uma série de problemas, que precisam ser abordados.

Problemas causados pela ignorância dos gestores sobre o funcionamento de equipes ágeis:

1. **Falta de transparência:** Quando os gestores não entendem como as equipes ágeis funcionam, é comum que não confiem no processo e queiram controlar todos os aspectos do desenvolvimento. Isso leva à falta de transparência, já que as equipes não se sentem confortáveis em compartilhar informações ou reportar problemas.

2. **Falta de confiança:** A falta de transparência, por sua vez, gera uma falta de confiança entre as equipes e os gestores. As equipes podem sentir que não são valorizadas e que seus esforços não são reconhecidos, o que pode levar à desmotivação e à queda da produtividade.

3. **Atrasos nos projetos:** Quando os gestores insistem em controlar todo o processo de desenvolvimento, eles tendem a adotar uma abordagem de "tudo ou nada". Ou seja, eles querem que tudo seja entregue de uma só vez, sem considerar a complexidade do projeto ou as limitações da equipe. Isso pode levar a atrasos nos projetos e a um aumento do custo final.

4. **Produtos de baixa qualidade:** Quando as equipes não têm a liberdade para experimentar e testar novas ideias, o resultado pode ser um produto de baixa qualidade. Isso pode afetar a imagem da empresa e a satisfação dos clientes, que esperam produtos de alta qualidade e que atendam às suas necessidades

5. **Dificuldades na gestão de pessoas:** Os gestores que não entendem como as equipes ágeis funcionam podem ter dificuldades na gestão de pessoas. Eles podem adotar uma abordagem autoritária, em que os membros da equipe são vistos como meros executores de tarefas. Isso pode levar a problemas de motivação e a um aumento do turnover na equipe.

O que os gestores precisam entender sobre o funcionamento de equipes ágeis:

1. **Confiança:** É fundamental que os gestores confiem nas equipes e no processo de desenvolvimento. Isso significa dar autonomia para que as equipes possam experimentar, falhar e aprender com seus erros. Os gestores precisam entender que as equipes ágeis são formadas por profissionais qualificados e comprometidos com os objetivos da empresa.

2. **Transparência:** A transparência é um aspecto fundamental da abordagem ágil. Os gestores precisam entender que a transparência é uma via de mão dupla e que é importante compartilhar informações com as equipes. Isso significa que os gestores devem estar dispostos a ouvir as preocupações e ideias das equipes e a tomar decisões em conjunto.

3. 3. **Flexibilidade:** A abordagem ágil valoriza a flexibilidade e a capacidade de adaptação às mudanças do mercado. Os gestores precisam entender que nem sempre as coisas sairão como o planejado e que é preciso ter flexibilidade para ajustar o processo de desenvolvimento conforme as necessidades do negócio.

4. **Colaboração:** A abordagem ágil enfatiza a colaboração entre as equipes e os stakeholders. Os gestores precisam entender que a colaboração é fundamental para o sucesso do projeto e que é importante promover uma cultura de trabalho em equipe.

5. **Foco no valor:** A abordagem ágil tem como objetivo principal entregar valor ao cliente de forma rápida e contínua. Os gestores precisam entender que o foco deve ser no valor entregue ao cliente, e não apenas na entrega do projeto em si.

6. **Aprendizado contínuo:** A abordagem ágil valoriza o aprendizado contínuo e a melhoria constante do processo de desenvolvimento. Os gestores precisam entender que é preciso investir em treinamentos e capacitações para as equipes, para que elas possam se manter atualizadas e melhorar continuamente o processo de desenvolvimento.

O time ágil é o coração da abordagem ágil e entender como ele funciona é fundamental para desenvolver a agilidade em larga escala para todo o negócio. No entanto, muitos gestores e líderes ainda insistem em ignorar como essas equipes trabalham, mantendo a visão de "chefe" autoritário, detentor da força e do poder. Isso pode levar a uma série de problemas, como falta de transparência, falta de confiança, atrasos nos projetos, produtos de baixa qualidade e dificuldades na gestão de pessoas. Os gestores precisam entender que a abordagem ágil valoriza a confiança, transparência, flexibilidade, colaboração, foco no valor e aprendizado contínuo, e que é preciso investir nessas áreas para garantir o sucesso do processo de desenvolvimento.

4.11. Times Scrum "focados" em múltiplos projetos

O Scrum é um framework ágil para gerenciamento de projetos que é utilizado em diversas áreas do mercado, desde o desenvolvimento de software até o gerenciamento de projetos de negócios. O guia oficial do Scrum enfatiza que cada equipe Scrum deve ter um único objetivo, que é claramente definido no Product Backlog e no Sprint Goal. No entanto, muitas equipes Scrum se encontram em situações em que precisam trabalhar em vários projetos ou objetivos simultaneamente.

A questão central é: times Scrum focados em múltiplos objetivos são possíveis? A resposta é sim, é possível trabalhar em múltiplos projetos ao mesmo tempo com equipes Scrum, mas é necessário que sejam tomadas algumas precauções para minimizar os problemas decorrentes dessa situação.

Para entender melhor como os times Scrum podem trabalhar em múltiplos objetivos, é importante entender as implicações que isso pode trazer. Algumas das implicações mais significativas são:

1.   **Divisão do tempo:** Com múltiplos objetivos, é natural que o tempo da equipe seja dividido entre eles. Isso pode levar a um menor tempo disponível para cada projeto e pode afetar a qualidade do trabalho.

2.   Priorização: A equipe Scrum precisa estar preparada para lidar com várias prioridades ao mesmo tempo. Eles precisam saber como equilibrar e priorizar seus esforços para garantir que os objetivos mais importantes sejam alcançados.

3.   Comunicação: Com múltiplos projetos, a comunicação torna-se ainda mais crucial. A equipe precisa garantir que as informações relevantes sejam compartilhadas com todas as partes interessadas em cada projeto e que todas as pessoas envolvidas estejam cientes dos planos e progresso do projeto.

4.   Coordenação: A coordenação entre os projetos pode ser um desafio adicional. A equipe Scrum precisa garantir que os projetos não interfiram um no outro e que os recursos sejam alocados de maneira adequada.

Agora, a pergunta é: qual é a melhor estratégia para operar com múltiplos times Scrum trabalhando em múltiplos objetivos? Aqui estão algumas sugestões para minimizar os problemas decorrentes dessa situação:

1.   Definir claramente os objetivos de cada projeto: É fundamental que cada projeto tenha objetivos claros e que a equipe Scrum entenda esses objetivos. Isso ajuda a garantir que as prioridades sejam estabelecidas corretamente e que a equipe trabalhe em conjunto para atingir esses objetivos.

2.   Estabelecer prioridades: A equipe Scrum precisa trabalhar com o Product Owner para estabelecer prioridades claras para cada projeto. Isso ajuda a garantir que a equipe esteja focada nos objetivos mais importantes e que os recursos sejam alocados adequadamente.

3.   Comunicação clara: A comunicação clara é fundamental para garantir que todos estejam cientes do progresso em cada projeto e de qualquer problema que possa surgir. É importante que todas as partes interessadas tenham acesso às informações relevantes e que a comunicação seja regular e consistente.

4. Sincronização: É importante que os projetos estejam sincronizados, para garantir que a equipe esteja trabalhando na direção certa. Isso pode incluir a sincronização dos prazos, a priorização de tarefas e o alinhamento das dependências entre os projetos. A sincronização pode ser realizada através de reuniões regulares entre as equipes Scrum e o Product Owner.

5. Colaboração interdisciplinar: A equipe Scrum deve trabalhar em colaboração com outras equipes interdisciplinares que também estejam envolvidas nos projetos. Isso pode ajudar a minimizar a carga de trabalho da equipe Scrum e garantir que todos estejam trabalhando juntos em direção aos objetivos do projeto.

6. Gerenciamento de tempo eficaz: O gerenciamento de tempo é crucial quando a equipe Scrum trabalha em múltiplos objetivos. A equipe deve ser capaz de gerenciar seu tempo de forma eficaz, para que possa cumprir os prazos dos projetos e manter a qualidade do trabalho.

7. Equilibrar as tarefas: A equipe Scrum deve equilibrar as tarefas em cada projeto para que nenhuma tarefa seja negligenciada. Isso pode ser feito por meio de um planejamento cuidadoso e de uma distribuição equitativa de tarefas entre os membros da equipe.

8. Adaptação: Como em qualquer projeto Scrum, a equipe precisa estar preparada para se adaptar às mudanças. Quando se trabalha em múltiplos projetos, as mudanças podem ser ainda mais frequentes e imprevisíveis. A equipe precisa estar preparada para mudar de direção rapidamente, priorizar de acordo com as necessidades e ajustar os planos de acordo com as mudanças do ambiente.

9. Alocar recursos adequadamente: Alocar os recursos de maneira adequada é crucial para garantir que os projetos sejam concluídos dentro do prazo e com a qualidade esperada. A equipe Scrum precisa garantir que os recursos estejam equilibrados em cada projeto, levando em consideração as habilidades de cada membro da equipe e as demandas de cada projeto.

10.   Definir metas realistas: É importante definir metas realistas para cada projeto. A equipe Scrum precisa garantir que as metas sejam alcançáveis dentro do prazo e com a qualidade esperada. Isso ajudará a garantir que a equipe esteja focada e motivada.

11.   Revisão frequente: A equipe Scrum deve realizar revisões frequentes para avaliar o progresso do projeto em cada objetivo e garantir que o trabalho esteja sendo realizado de acordo com o planejado. Isso pode ajudar a identificar problemas e ajustar o trabalho em andamento para manter o projeto nos trilhos.

12.   Ter um líder de projeto: Quando se trabalha em múltiplos projetos, pode ser útil ter um líder de projeto designado para cada projeto. Isso ajudará a garantir que cada projeto seja gerenciado de maneira adequada e que a equipe esteja focada nos objetivos do projeto.

13.   Aprender com as experiências: Trabalhar em múltiplos projetos pode ser um desafio, mas também pode ser uma oportunidade para aprender e crescer. A equipe Scrum deve sempre refletir sobre suas experiências e buscar maneiras de melhorar sua maneira de trabalhar.

Em resumo, trabalhar em múltiplos projetos ao mesmo tempo com equipes Scrum é possível, mas requer cuidados extras. A equipe Scrum precisa estar preparada para lidar com várias prioridades, estabelecer prioridades claras, comunicar-se com clareza e sincronizar os projetos. Além disso, é importante alocar os recursos adequadamente, definir metas realistas, ter um líder de projeto e aprender com as experiências. Ao adotar essas precauções, as equipes Scrum podem trabalhar de maneira eficiente em múltiplos projetos e alcançar o sucesso.

4.12. Desafios na priorização de múltiplos projetos.

A priorização de projetos é uma estratégia essencial para garantir o sucesso de uma empresa, especialmente quando se trata de times Scrum que trabalham em múltiplos projetos simultaneamente. Através dessa abordagem, os times conseguem focar em seus principais objetivos, maximizar a eficiência e evitar distrações desnecessárias. No entanto, é importante destacar que a priorização de projetos pode criar obstáculos para outros times que atuam em projetos diferentes, mas que precisam colaborar em algum momento para integrar os incrementos.

Quando vários times Scrum atuam em múltiplos projetos ao mesmo tempo, podem ocorrer alguns problemas de priorização que afetam a eficiência e a colaboração entre os times. Uma das principais questões que surgem é a diferença de prioridades entre os times, uma vez que nem todas atuam nos mesmos projetos ao mesmo tempo. Isso pode criar gargalos nas entregas e problemas na integração dos incrementos, pois alguns times poderão ter prioridades diferentes em relação a outras.

Por exemplo, imagine que uma empresa de desenvolvimento de software possui dois times Scrum. O time A está trabalhando em um novo recurso para o produto principal da empresa, enquanto o time B está desenvolvendo um novo produto para o mercado. Se o time A priorizar o recurso para o produto principal como sua principal prioridade, enquanto o time B foca em seu próprio produto, pode haver um atraso na entrega do novo produto. Isso ocorre porque o time A precisa de recursos do time B para concluir o recurso para o produto principal. O atraso pode criar problemas de integração entre os projetos, o que pode afetar negativamente a empresa como um todo.

Para evitar esse tipo de problema, é importante que os times Scrum sigam uma estratégia clara de priorização de projetos. A abordagem mais comum é priorizar projetos por valor de negócio, ou seja, aqueles que geram mais receita ou trazem mais benefícios para a empresa devem receber maior atenção. No entanto, é preciso levar em consideração a capacidade dos times para lidar com determinados projetos e a dependência entre eles.

Além disso, é fundamental que a priorização de projetos seja criada com base em valores ou indicadores, e não pela pressão do comercial da alta gestão ou diretoria. Muitas vezes, a pressão para atender às demandas de clientes ou de vendas pode levar a decisões precipitadas e à escolha de projetos que não agregam valor para a empresa. Nesse sentido, a priorização deve ser guiada por valores estratégicos, como a satisfação do cliente, a qualidade do produto, a inovação e a eficiência operacional.

Para garantir que todos os times estejam alinhados e trabalhando juntas para alcançar os objetivos da empresa, é importante que a priorização de projetos seja comunicada de forma clara e transparente. Todas os times devem estar cientes das prioridades da empresa e das restrições de recursos e tempo que podem afetar seus projetos. Além disso, os times devem trabalhar juntas para encontrar soluções para possíveis problemas de integração entre os projetos e garantir que todas as entregas sejam de qualidade e que atendam às expectativas dos clientes e da empresa como um todo.

Outro ponto importante a se considerar é a capacidade de cada time de lidar com múltiplos projetos simultaneamente. Alguns times podem ser capazes de lidar com mais projetos do que outras, devido a diferenças em sua experiência, habilidades e tamanho. Portanto, é importante que a priorização de projetos leve em conta a capacidade de cada time, para que eles possam se concentrar em projetos que possam concluir com sucesso.

A colaboração entre os times Scrum também é fundamental para garantir o sucesso da priorização de projetos. Os times devem estar em constante comunicação e trabalhar juntas para identificar possíveis conflitos e soluções para esses conflitos. Por exemplo, se um time precisa de recursos ou conhecimentos de outro time para concluir um projeto, eles devem trabalhar juntos para garantir que esses recursos estejam disponíveis e que a colaboração ocorra de forma eficiente.

Por fim, é importante destacar que a priorização de projetos não é um processo estático. À medida que as necessidades da empresa e dos clientes mudam, as prioridades dos projetos também mudam. Portanto, é importante que os times Scrum estejam preparadas para se adaptar a essas mudanças e alterar a priorização de projetos conforme necessário.

Em resumo, a priorização de projetos é uma estratégia essencial para garantir o sucesso dos times Scrum que trabalham em múltiplos projetos simultaneamente. No entanto, essa abordagem também pode criar obstáculos para outros times que atuam em projetos diferentes, mas que precisam colaborar em algum momento para integrar os incrementos. Para evitar esses problemas, é importante que os times

Scrum sigam uma estratégia clara de priorização de projetos baseada em valores e indicadores, comuniquem as prioridades de forma transparente, considerem a capacidade de cada equipe e colaborem entre si para encontrar soluções para possíveis conflitos.

4.13. Barreiras em definir o responsável na atuação em múltiplos projetos

Quando se tem diversos times Scrum atuando ao mesmo tempo em múltiplos projetos, é comum que barreiras e problemas surjam. Mesmo que cada time tenha um Product Owner dedicado, quando esses Product Owners escalados interagem, pode haver conflitos de prioridades e falta de alinhamento. É fundamental que fique claro para todos quem é o responsável por engajar o cliente, por ordenar e refinar o Product Backlog, por esclarecer as dúvidas dos demais Product Owners e por atualizar constantemente o status do projeto para todos os envolvidos.

A escolha de uma pessoa como responsável é essencial para garantir que as demandas e objetivos sejam cumpridos de forma eficiente. É importante destacar que, mesmo que todos os times Scrum sejam comprometidos com o sucesso do projeto, não há como evitar a figura do responsável final. Como diz uma frase antiga, "Cachorro de dois donos morre de fome". Por isso, quando se tem muitas pessoas trabalhando juntas, é comum que elas pensem "não preciso me preocupar porque a outra parte está cuidando". E, com isso, a situação pode se tornar caótica, já que ninguém estará efetivamente cuidando do projeto.

Dentre as principais barreiras que podem surgir nesse contexto, destacam-se:

1. **Falta de alinhamento entre os Product Owners:** Quando cada time Scrum possui um Product Owner dedicado, é importante que haja alinhamento entre eles, especialmente quando estão atuando em múltiplos projetos. É possível evitar essa barreira por meio da definição clara das responsabilidades de cada Product Owner, estabelecendo reuniões regulares entre eles para discutir as prioridades do

projeto e trabalhar em conjunto para resolver conflitos. Além disso, é importante que haja uma comunicação clara entre os Product Owners e o Product Owner escalado, que deve atuar como um coordenador e responsável para garantir a integração dos diversos projetos.

2. **Dificuldade em gerenciar múltiplos Product Backlogs**: Quando os times Scrum estão trabalhando em múltiplos projetos, cada time pode estar lidando com um Product Backlog diferente, o que pode dificultar o gerenciamento e priorização das demandas. É possível evitar essa barreira por meio da utilização de ferramentas de gestão de projetos que permitam o compartilhamento de informações e a visibilidade dos Product Backlogs de todos os projetos. Além disso, é importante que os Product Owners trabalhem juntos com o Product Owner escalado responsável, para alinhar as prioridades dos projetos e garantir que as demandas mais importantes sejam atendidas primeiro.

3. **Conflitos de prioridades:** Quando os times Scrum estão trabalhando em múltiplos projetos, pode haver conflitos de prioridades entre as demandas de cada projeto, o que pode afetar a entrega dos objetivos do projeto. Para evitar essa barreira, é importante que os Product Owners estejam em constante comunicação e trabalhem juntos com o Product Owner escalado responsável, para definir as prioridades e resolver conflitos. Além disso, é importante que a equipe esteja ciente das prioridades definidas pelos Product Owners e sejam informados sobre quais projetos devem ser priorizados em determinado momento.

4. **Desconhecimento sobre o status do projeto:** Quando os times Scrum estão trabalhando em múltiplos projetos, pode haver falta de comunicação e transparência em relação ao status do projeto, o que pode levar a problemas de coordenação e entrega. Para evitar essa barreira, é importante que o Product Owner escalado responsável atue como um coordenador e garanta que a equipe esteja ciente do status do projeto. É importante também que haja uma comunicação frequente entre os Product Owners e a equipe, para que todos estejam cientes do progresso do projeto e quaisquer problemas que surjam possam ser resolvidos rapidamente.

5. Times Scrum recebendo informações em duplicidade: Como cada time Scrum possui um Product Owner, pode haver duplicidade de informações sendo enviadas para as equipes se o fluxo não for direcionado corretamente, o que pode levar a confusão e falta de clareza sobre as demandas do projeto. Para evitar essa barreira, é importante que haja uma comunicação clara e centralizada entre a equipe e seu Product Owners, evitando que Product Owners de outras equipes possam interagir diretamente. Além disso, é importante que os Product Owners trabalhem juntos para garantir que a equipe receba apenas as informações relevantes e necessárias para o projeto.

Em resumo, é de extrema importância definir claramente quem é o responsável pelo projeto, especialmente em ambientes com diversos times Scrum e múltiplos projetos. Nesse contexto, é fundamental que o Product Owner Escalado Responsável pelo Projeto assuma a missão de coordenar os demais Product Owners, não delegando essa responsabilidade a nenhuma outra pessoa.

O sucesso do projeto depende muito da habilidade do Product Owner Responsável de unificar as informações dos diversos times Scrum que estão atuando no mesmo projeto, atualizar o status do projeto, entender o momento do projeto, atuar e engajar os Stakeholders e disseminar para os times o que realmente traz valor e é importante para o cliente a cada Sprint.

Em suma, o sucesso de um projeto com vários Times Scrum depende de uma liderança forte, clara e bem definida. O Product Owner Escalado Responsável pelo Projeto deve assumir essa liderança, coordenando os demais Product Owners e garantindo que todos estejam alinhados com os objetivos do projeto e que as informações sejam atualizadas e transmitidas de forma clara e constante a todos os envolvidos. Com essa liderança efetiva, é possível superar as barreiras e desafios que surgem em ambientes com diversos times Scrum e múltiplos projetos, entregando valor aos clientes e alcançando o sucesso do projeto.

4.14. Saber dizer "não" é fator de sucesso no projeto.

No desenvolvimento de projetos, saber falar "não" é uma habilidade valiosa tanto para os desenvolvedores quanto para o Product Owner (PO). Essa capacidade permite que a equipe estabeleça limites claros e prioridades bem definidas, evitando a sobrecarga de trabalho e garantindo o sucesso do projeto.

No entanto, é comum que muitos desenvolvedores e POs tenham dificuldade em dizer "não", seja por medo de desagradar o cliente, seja por receio de comprometer a relação com a equipe. Essa falta de habilidade pode levar a diversos problemas, como escopo inflado, baixa qualidade do produto final, estresse e frustração da equipe, e atrasos na entrega do projeto.

A importância de saber dizer "não".

No desenvolvimento de projetos, saber dizer "não" é fundamental para garantir a qualidade do produto final e o sucesso do projeto. Essa habilidade pode ser aplicada em diversas situações, como na negociação de prazos com o cliente, na definição de prioridades de desenvolvimento, na escolha de tecnologias a serem utilizadas, entre outras.

Desenvolvedores e POs que sabem dizer "não" no momento certo têm mais chances de entregar projetos de sucesso, pois conseguem gerenciar melhor o tempo e os recursos disponíveis, evitando a sobrecarga de trabalho e o comprometimento da qualidade do produto final.

Além disso, a habilidade de dizer "não" ajuda a manter a equipe motivada e engajada, uma vez que ela se sente valorizada e respeitada quando seus limites são respeitados.

Quando a equipe de desenvolvimento não sabe dizer "não", é comum que diversas situações negativas ocorram. Alguns exemplos incluem:

1.   **Escopo inflado:** Quando a equipe não sabe dizer "não" para o cliente, o escopo do projeto pode se tornar inflado, incluindo tarefas e funcionalidades que não são essenciais ou que não podem ser entregues dentro do prazo estipulado.

2.   **Comprometimento excessivo:** Quando a equipe não estabelece limites claros para si mesma e para o cliente, pode acabar se comprometendo com prazos e demandas que não são realistas ou que exigem mais recursos do que os disponíveis.

3.   **Dificuldades de gerenciamento de tempo:** Quando a equipe não sabe dizer "não" para tarefas que não são prioritárias, pode acabar tendo dificuldades para gerenciar o tempo e alocar recursos de forma eficiente.

4.   **Perda de confiança do cliente:** Quando a equipe não consegue entregar o projeto dentro do prazo ou com a qualidade esperada, é comum que a confiança do cliente seja abalada, comprometendo a reputação da empresa e a possibilidade de futuros negócios.

5.   **Baixa motivação da equipe:** Quando a equipe se sente sobrecarregada ou comprometida com demandas excessivas, é comum que o estresse e a frustração aumentem, afetando a saúde mental e a qualidade de vida dos colaboradores.

6.   **Baixa qualidade do produto final:** Quando a equipe se compromete com prazos ou tarefas excessivas, pode acabar entregando um produto final de baixa qualidade, afetando a satisfação do cliente e a reputação da empresa.

7.   **Atrasos na entrega do projeto:** Quando a equipe não consegue gerenciar bem o tempo e as demandas, é comum que ocorram atrasos na entrega do projeto, o que pode comprometer a satisfação do cliente e a reputação da empresa.

Estratégias para saber dizer "não", sem criar problemas.

Saber dizer "não" pode ser desafiador, especialmente quando se trata de clientes ou colegas de trabalho. No entanto, existem algumas estratégias que podem ajudar a desenvolver essa habilidade sem criar problemas ou deixar alguém chateado. Algumas das estratégias mais eficazes incluem:

1. **Estabelecer prioridades claras:** É importante que a equipe estabeleça prioridades claras para o projeto, de modo que seja possível identificar quais demandas são essenciais e quais podem ser adiadas ou eliminadas.

2. **Definir limites realistas:** É fundamental que a equipe defina limites realistas para si mesma e para o cliente, de modo que seja possível entregar o projeto dentro do prazo e com a qualidade esperada.

3. **Comunicar-se de forma clara e objetiva:** É importante que a equipe se comunique de forma clara e objetiva, explicando os motivos pelos quais determinadas tarefas não podem ser realizadas ou prazos não podem ser cumpridos.

4. **Propor soluções alternativas:** Ao dizer "não" para uma determinada demanda, é importante que a equipe proponha soluções alternativas que possam atender às necessidades do cliente ou da equipe.

5. **Trabalhar em parceria com o cliente:** É importante que a equipe trabalhe em parceria com o cliente, explicando as limitações do projeto e negociando prazos e demandas de forma colaborativa.

6. **Manter uma postura profissional e respeitosa:** É fundamental que a equipe mantenha uma postura profissional e respeitosa ao dizer "não", evitando conflitos ou mal-entendidos que possam comprometer o relacionamento com o cliente ou a equipe.

7. **Buscar o entendimento mútuo:** Ao dizer "não", é importante que a equipe busque o entendimento mútuo com o cliente ou

a equipe, explicando as razões por trás da decisão e buscando soluções que atendam às necessidades de ambas as partes.

8. **Ser flexível e adaptável:** É importante que a equipe seja flexível e adaptável, capaz de ajustar as demandas e os prazos de acordo com as mudanças do projeto e as necessidades do cliente.

9. **Ser transparente e honesto:** Ao dizer "não", é fundamental que a equipe seja transparente e honesta em relação às limitações do projeto e às possibilidades de atender às demandas do cliente ou da equipe.

10. **Buscar o equilíbrio entre a satisfação do cliente e a qualidade do trabalho:** É importante que a equipe busque o equilíbrio entre a satisfação do cliente e a qualidade do trabalho, evitando comprometer a qualidade do projeto em nome de prazos ou demandas excessivas.

Em resumo, saber dizer "não" é uma habilidade fundamental para o sucesso no desenvolvimento de projetos, tanto para os desenvolvedores quanto para o Product Owner. Quando a equipe não desenvolve essa habilidade, podem ocorrer diversos problemas que comprometem a qualidade do trabalho, a satisfação do cliente e a reputação da empresa. No entanto, ao utilizar estratégias eficazes para saber dizer "não", é possível manter um relacionamento saudável com o cliente e a equipe, entregando projetos de alta qualidade dentro do prazo estabelecido.

4.15. Como gerenciar conflitos internos nos times e alcançar a colaboração

O Guia do Scrum cita que um time deve ser autogerenciável, o que significa dentre outras coisas, que os membros da equipe são responsáveis por tomar decisões e resolver problemas sem depender de uma figura hierárquica externa. No entanto, na prática, a autogerência do time nem sempre é tão simples e fácil de ser alcançada. Uma das situações que evidenciam a falta de autogerência é quando surgem conflitos internos no time. Muitas vezes, os desenvolvedores não conseguem resolver esses conflitos sozinhos por diversos motivos. Isso pode causar problemas ainda maiores na equipe, como a falta de comunicação, falta de apoio e risco de falha no projeto. Por isso, discutiremos os motivos pelos quais os membros do time não conseguem resolver seus próprios conflitos, os problemas que surgem por conta dessa falta de ação e estratégias para corrigir ou se evitar esses problemas.

Motivos pelos quais os membros do time não conseguem resolver seus próprios conflitos

Resolver conflitos internos é uma habilidade essencial para qualquer equipe, mas muitas vezes os membros do time enfrentam dificuldades para lidar com essas situações de maneira eficaz. Identificar as causas subjacentes desses conflitos é um passo importante para encontrar soluções duradouras e promover uma cultura de colaboração saudável. Existem várias razões pelas quais os membros do time podem ter dificuldades em resolver conflitos, incluindo diferenças de personalidade, comunicação inadequada, falta de confiança, valores conflitantes, hierarquia invisível, entre outros. No entanto, é importante lembrar que essas são apenas algumas das causas possíveis e que cada equipe é única em suas dinâmicas e desafios. Por isso, é fundamental identificar a causa raiz por trás das razões que impedem os membros do time de resolverem seus próprios conflitos para desenvolver soluções específicas e personalizadas que ajudem a promover uma cultura de colaboração saudável e produtiva.

Dentre as principais razões pelas quais os membros do time não conseguem resolver seus próprios conflitos, podemos destacar:

1. **Falta de habilidades interpessoais:** Os desenvolvedores podem não ter habilidades interpessoais necessárias para resolver conflitos. Eles podem não saber como ouvir ativamente, comunicar de forma clara e assertiva ou negociar soluções.

2. **Medo do conflito:** Alguns membros do time podem evitar conflitos a todo custo, o que pode levar a conflitos que são mal gerenciados e podem se transformar em problemas maiores.

3. Falta de confiança: Se os membros do time não confiam uns nos outros, podem hesitar em discutir seus problemas e preocupações.

4. Hierarquia invisível: Mesmo em um time autogerenciável, pode haver uma hierarquia invisível que impede que os membros do time resolvam seus próprios conflitos. Alguns membros podem ter mais influência que outros, o que pode impedir a resolução eficaz dos conflitos.

5. Diferentes valores e objetivos: Membros do time com valores e objetivos diferentes podem encontrar conflitos que são difíceis de resolver. Esses conflitos podem ser devido a diferenças culturais, prioridades ou até mesmo visões de mundo.

Problemas que podem surgir quando os membros do time não conseguem resolver seus próprios conflitos.

A falta de ação quando os membros do time não conseguem resolver seus próprios conflitos pode levar a uma série de problemas que afetam não apenas a dinâmica da equipe, mas também o sucesso do projeto como um todo. Em primeiro lugar, o ambiente dentro do time pode se tornar insustentável, com tensões e conflitos que prejudicam a produtividade e o bem-estar dos membros da equipe. Além disso, o clima tóxico pode se espalhar para outras pessoas e equipes, causando danos à reputação da organização e afetando a colaboração em projetos futuros. Os membros da equipe podem se sentir desmotivados e insatisfeitos, o que pode levar à perda de talentos valiosos e à redução da produtividade. Em casos extremos, a falta de ação efetiva pode levar à saída de componentes importantes do time, comprometendo o projeto como um todo e causando prejuízos financeiros e de reputação para a organização. Por isso, é fundamental tomar medidas para lidar com conflitos internos e promover uma cultura de colaboração saudável e produtiva.

Dentre os principais problemas que podem surgir quando os membros do time não conseguem resolver seus próprios conflitos, podemos destacar:

1. **Falta de comunicação:** A falta de comunicação é um dos principais problemas que podem surgir quando os membros do time não conseguem resolver seus próprios conflitos. Isso pode levar a mal-entendidos e a uma falta de alinhamento em relação ao trabalho que precisa ser feito. A falta de comunicação também pode dificultar a identificação e resolução de problemas, além de afetar negativamente a cultura da empresa e a confiança entre os membros da equipe.

2. **Falta de apoio dentro do time:** Quando os membros do time não conseguem resolver conflitos internos, a colaboração e o apoio mútuo podem ser comprometidos. Isso pode levar a uma falta de sinergia entre os membros da equipe e impedir que eles trabalhem juntos de maneira eficaz. A falta de apoio também pode resultar em perda de confiança entre os membros do time, o que pode afetar negativamente o desempenho e a qualidade do trabalho.

3. **Aviso tardio de riscos:** Quando os membros do time não conseguem resolver conflitos internos, isso pode levar a uma falta de comunicação eficaz. Isso pode resultar em atrasos no compartilhamento de informações críticas e riscos relacionados ao projeto. Se esses riscos não forem identificados e gerenciados adequadamente, podem ocorrer problemas graves, como a interrupção do projeto ou a perda de receita.

4. **Ambiente insustentável:** Quando há conflitos internos não resolvidos, o ambiente de trabalho pode se tornar insustentável e desagradável para todos os membros do time. A tensão e o clima ruim podem afetar o desempenho dos colaboradores, tornando a equipe menos produtiva e aumentando o estresse.

5. **Desmotivação dos membros da equipe:** Conflitos não resolvidos também podem levar à desmotivação dos membros da equipe. Quando os colaboradores não se sentem ouvidos ou valorizados, podem se tornar desengajados e menos dispostos a contribuir para o projeto. Isso pode levar a uma queda na qualidade do trabalho e na produtividade.

6. **Perda de talentos:** Conflitos internos persistentes também podem levar à saída de membros importantes da equipe. Isso pode comprometer o projeto, especialmente se a pessoa que sai possuía habilidades e conhecimentos cruciais para o sucesso do trabalho. A perda de talentos também pode afetar negativamente a cultura da empresa, pois pode desmotivar outros colaboradores.

7.   Impacto na reputação da empresa: Quando há conflitos internos não resolvidos, o ambiente tóxico pode se espalhar para outras equipes e afetar a imagem da empresa. Isso pode prejudicar a capacidade da organização de atrair novos talentos, bem como sua capacidade de atrair e reter clientes.

8.   Prejuízos financeiros: Conflitos não resolvidos também podem ter impactos financeiros negativos para a empresa. Por exemplo, o projeto pode ficar parado, o que pode levar a atrasos e perda de receita. Também pode ser necessário contratar consultores externos para mediar conflitos, o que pode ser caro.

Estratégias para corrigir ou evitar problemas de conflitos internos e alcançar a colaboração.

Com certeza, antes de se pensar em estratégias para corrigir ou evitar problemas de conflitos internos e alcançar a colaboração plena, é fundamental que o time seja construído de forma sólida e com uma cultura de respeito mútuo. Isso significa que, independentemente de suas convicções políticas, religiosas ou raciais, os membros do time precisam se respeitar como profissionais e pessoas.

Uma equipe forte e unida pode lidar de forma mais eficaz com conflitos internos e trabalhar juntos para alcançar objetivos comuns. As estratégias para corrigir ou evitar problemas de conflitos internos podem variar de acordo com a equipe e a situação específicas, mas aqui estão algumas ideias que podem ajudar:

1.   Treinamento em habilidades interpessoais: Um dos principais motivos pelos quais os membros do time não conseguem resolver seus próprios conflitos é a falta de habilidades interpessoais, como comunicação efetiva, empatia e resolução de problemas em grupo.

Os líderes de equipe devem investir em treinamentos e workshops para que os membros do time possam aprimorar essas habilidades e melhorar a comunicação e colaboração entre eles.

2.   Desenvolvimento da confiança: A confiança é um elemento-chave para um time de sucesso. Quando os membros do time confiam uns nos outros, eles se sentem mais à vontade para se comunicar abertamente e trabalhar em conjunto. Os líderes de equipe devem promover atividades que possam ajudar a desenvolver essa confiança, como projetos em equipe, momentos de feedbacks construtivos, e outras dinâmicas de grupo.

3.   Promover uma cultura de conflito saudável: Os conflitos inevitavelmente vão ocorrer em qualquer equipe, e é importante que se tenha uma cultura saudável de resolução de conflitos. Os líderes devem encorajar a comunicação aberta e o respeito mútuo, para que os membros do time possam expor seus pontos de vista e debater ideias de forma construtiva. Uma cultura que aceita e aborda conflitos de forma saudável é capaz de promover um ambiente de trabalho mais produtivo e colaborativo.

4.   Identificar e resolver problemas rapidamente: Quando um conflito surge, é importante que a equipe identifique e resolva o problema o mais rápido possível. Os líderes de equipe devem estar atentos às dinâmicas do grupo e às mudanças de comportamento entre os membros da equipe, a fim de detectar possíveis conflitos em potencial. Quando os conflitos são identificados, os líderes devem agir rapidamente para resolvê-los antes que possam crescer e se tornar mais difíceis de gerenciar.

5.   Estabelecer regras claras de comunicação e resolução de conflitos: É importante que todos os membros do time entendam as regras básicas de comunicação e resolução de conflitos. Isso pode incluir ter uma agenda clara para as reuniões, definir papéis e responsabilidades, estabelecer limites claros para o que é aceitável em termos de comportamento e comunicação, entre outras coisas.

6. Promover uma cultura de feedback aberto e honesto: Feedback é fundamental para ajudar as pessoas a crescer e melhorar. No entanto, pode ser difícil para as pessoas receberem feedback negativo. Promover uma cultura de feedback aberto e honesto pode ajudar os membros do time a se sentirem mais confortáveis em dar e receber feedback.

7. Realizar sessões regulares de team building: Sessões de team building podem ajudar a construir a coesão da equipe e melhorar a comunicação e a colaboração entre os membros. Essas sessões podem incluir atividades que promovam a confiança, o respeito e o trabalho em equipe.

8. Contratar um coach de equipe: Um coach de equipe pode ajudar os membros do time a identificar e trabalhar em seus pontos fracos e a desenvolver habilidades de comunicação e resolução de conflitos. Eles também podem ajudar a equipe a desenvolver uma cultura de trabalho saudável e colaborativa.

9. Separar do time, pessoas que não conseguem conviver na mesma equipe: Apesar de ser considerado como uma das últimas alternativas, em alguns casos, pode ser necessário separar do time, pessoas que não estão mais conseguindo conviver na mesma equipe. É importante que isso seja feito de forma justa e com base em critérios objetivos, para que a equipe possa continuar a trabalhar de forma eficaz e colaborativa.

Em resumo, gerenciar conflitos internos dentro dos times e alcançar a colaboração é fundamental para o sucesso de qualquer projeto. No entanto, nem sempre é fácil para os membros do time resolverem seus próprios conflitos, especialmente quando há falta de habilidades interpessoais, medo do conflito, falta de confiança, hierarquia invisível ou diferenças de valores e objetivos. Quando os conflitos são mal gerenciados, podem surgir problemas ainda maiores, como falta de comunicação, falta de apoio, aviso tardio de riscos e perda de produtividade. Embora seja possível corrigir ou evitar esses problemas com as estratégias mencionadas anteriormente, em alguns casos, a separação de membros da equipe pode ser necessária para manter um ambiente de trabalho saudável e produtivo. Portanto, é importante lembrar que a resolução de conflitos não é fácil, mas é crucial para o sucesso de qualquer projeto e pode envolver decisões difíceis. Com a colaboração de toda a equipe e o uso das estratégias adequadas, podemos alcançar um ambiente de trabalho colaborativo e produtivo.

4.16. Retrospectiva e o medo de falar a verdade

A Retrospectiva da Sprint é uma das cerimônias mais importantes do Scrum, pois é onde o Time Scrum se reúne para inspecionar e adaptar seu processo e melhorar sua eficiência e eficácia. No entanto, muitas vezes os membros do Time Scrum enfrentam medos e barreiras ao expor seus erros e problemas durante a Retrospectiva da Sprint. Esses medos e barreiras podem prejudicar o processo de melhoria contínua do Time Scrum, limitando a capacidade do time de aprender e crescer.

Neste tópico, vamos discutir os seis principais medos e barreiras enfrentados pelos membros do Time Scrum na Retrospectiva da Sprint, bem como seis maneiras de promover nas pessoas o sentimento de realmente querer colaborar, falar a verdade e focar na causa raiz do problema

1. Medo de se expor e ser julgado

Um dos principais medos que podem impedir os membros do time de compartilhar seus pensamentos e opiniões durante a retrospectiva é o medo de se expor e ser julgado. Isso ocorre porque muitas pessoas podem se sentir vulneráveis em expor seus pensamentos, especialmente quando eles divergem dos pensamentos da maioria.

Algumas das causas desse medo podem incluir:

• **Falta de confiança:** Se os membros do time não confiam uns nos outros, é provável que se sintam menos propensos a se expor e compartilhar seus pensamentos.

- **Ambiente hostil:** Se a equipe tem um ambiente hostil ou competitivo, pode criar uma atmosfera em que as pessoas se sintam intimidadas ou ameaçadas.

- **Falta de habilidades de comunicação:** Se um membro do time não tem as habilidades necessárias para se comunicar de forma clara e concisa, pode se sentir ansioso em se expressar na frente dos outros.

Para superar o medo de se expor e ser julgado durante a retrospectiva, pode-se considerar as seguintes estratégias:

- **Criar um ambiente seguro:** É importante criar um ambiente seguro e acolhedor em que todos os membros do time se sintam confortáveis em compartilhar seus pensamentos e ideias.

- **Praticar a empatia:** Durante a retrospectiva, é importante que os membros do time sejam empáticos e ouçam uns aos outros sem julgamento. Se um membro do time se sentir ouvido e compreendido, é mais provável que se sinta confortável em compartilhar seus pensamentos.

- **Encorajar a participação de todos:** É importante garantir que todos os membros do time tenham a oportunidade de se expressar durante a retrospectiva. Isso pode ser feito por meio de atividades que incentivem a participação de todos.

- **Estabelecer regras básicas de comunicação:** É importante estabelecer regras básicas de comunicação, como não interromper ou criticar um colega de equipe enquanto ele está falando. Isso pode ajudar a criar um ambiente seguro e respeitoso em que todos os membros do time se sintam confortáveis em compartilhar seus pensamentos.

- **Reconhecer as contribuições:** É importante reconhecer e valorizar as contribuições de todos os membros do time durante a retrospectiva. Isso pode ajudar a construir a confiança e incentivar a participação de todos.

• **Estabelecer metas e objetivos:** É importante estabelecer metas e objetivos claros para a retrospectiva, de modo que os membros do time tenham um propósito claro em mente. Isso pode ajudar a criar um senso de propósito e motivação em todo o time.

2. Medo de ser responsabilizado pelos problemas

Muitas vezes, as pessoas podem ter medo de falar sobre problemas que surgiram durante a Sprint, pois temem ser responsabilizadas por eles. Isso pode levar a um ambiente onde a culpa é atribuída a indivíduos em vez de ser vista como uma oportunidade de aprendizado e melhoria contínua. Alguns dos motivos pelos quais as pessoas podem ter medo de ser responsabilizadas são:

• **Falta de confiança:** Se as pessoas não confiam umas nas outras, é mais provável que achem que seus erros serão usados contra elas.

• **Cultura de culpa:** Se a cultura da organização é baseada na atribuição de culpa, é mais provável que as pessoas sejam cautelosas ao falar sobre problemas.

• **Falta de clareza sobre papéis e responsabilidades:** Se não estiver claro quem é responsável por quê, as pessoas podem ter medo de assumir a responsabilidade por algo que não é de sua alçada.

Para superar o medo de ser responsabilizado, é importante criar um ambiente onde a aprendizagem e a melhoria contínua sejam valorizadas acima de tudo.

Algumas maneiras de fazer isso incluem:

• **Focar na causa raiz do problema:** em vez de culpar indivíduos, concentre-se em entender as causas subjacentes do problema e como eles podem ser resolvidos. Dessa forma, todos podem aprender com o problema e se sentir motivados a colaborar na busca de soluções.

- **Encorajar a responsabilidade coletiva:** deixe claro que todos são responsáveis pelo sucesso do time e, portanto, pelos problemas que surgem. Isso ajuda a criar um ambiente em que as pessoas se sentem mais à vontade para falar sobre problemas, sabendo que todos estão trabalhando juntos para resolvê-los.

- **Definir papéis e responsabilidades claras:** é importante que todos saibam exatamente quais são suas responsabilidades e como elas se encaixam no contexto geral do time. Dessa forma, cada membro saberá exatamente o que se espera deles e será mais capaz de assumir a responsabilidade pelos problemas que surgirem.

- **Criar um ambiente de confiança:** a confiança é fundamental para um ambiente de aprendizado e melhoria contínua. Encoraje as pessoas a se conhecerem melhor e a se comunicarem abertamente, de modo que possam construir relacionamentos mais sólidos e de confiança mútua.

Ao criar um ambiente de aprendizado e melhoria contínua, é possível superar o medo de ser responsabilizado por problemas e criar um time mais colaborativo e produtivo.

3.   Medo de expor os erros de outros membros do time

O medo de expor os erros de outros membros do time é um desafio comum na retrospectiva da sprint, pois a cultura de culpa e julgamento pode dificultar o trabalho em equipe e a colaboração.

Alguns dos motivos pelos quais as pessoas têm medo de expor os erros de outros membros do time incluem:

- **Receio de prejudicar o relacionamento:** Ao apontar um erro de um colega de equipe, é possível que se cause desconforto ou até mesmo conflitos entre os membros do time. Além disso, o medo de ser visto como alguém que não é solidário e que não apoia os colegas pode influenciar a decisão de não expor os erros de outros membros do time.

- **Preocupação com a imagem do time:** Alguns membros podem acreditar que expor erros ou falhas de um colega possa prejudicar a imagem do time, levando a equipe a ser vista como incompetente ou incapaz. Essa preocupação pode fazer com que os membros evitem falar abertamente sobre os erros de outros integrantes.

- **Medo de retaliação:** Existe a possibilidade de o membro do time que cometeu o erro se sentir atacado e retaliar a pessoa que o expôs. Isso pode gerar um ambiente de tensão e dificultar a colaboração entre os membros da equipe.

Para impedir que o medo de expor os erros de outros membros do time seja um obstáculo na retrospectiva da sprint, é possível adotar algumas práticas, tais como:

- **Criar um ambiente seguro:** É fundamental criar um ambiente seguro e acolhedor para que os membros do time se sintam à vontade para falar sobre seus erros e também sobre os erros dos outros. Para isso, o Scrum Master pode incentivar a empatia, a compaixão e a não-julgamento dentro da equipe.

- **Foco na solução:** Ao invés de se concentrar nos erros individuais, é importante que a equipe se concentre na solução do problema. É importante lembrar que a retrospectiva é uma oportunidade para o time aprender com seus erros e buscar maneiras de melhorar seu processo.

- **Incentivar o feedback construtivo:** O feedback deve ser construtivo e oferecer sugestões para melhorias, em vez de apontar o dedo ou culpar um membro do time. O Scrum Master pode incentivar os membros da equipe a fornecer feedback de forma construtiva, explicando como as ações podem ser melhoradas ou modificadas para atingir melhores resultados.

• **Compartilhar responsabilidades:** A responsabilidade pela qualidade do trabalho é de todos os membros da equipe, não apenas de um indivíduo. Compartilhar responsabilidades e ser transparente em relação aos erros ajuda a criar um senso de equipe e a garantir que todos trabalhem juntos para alcançar os objetivos comuns.

• **Identificar o sucesso da equipe:** Reconhecer o sucesso da equipe como um todo e celebrar os sucessos juntos também pode ajudar a criar um ambiente mais colaborativo e de confiança. Ao reconhecer o sucesso como uma conquista da equipe, é possível incentivar um senso de equipe e de trabalho em conjunto, em vez de um ambiente de competição.

4.   Medo de conflitos e tensões

O medo de conflitos e tensões é outra barreira que pode impedir o time de ter uma retrospectiva efetiva e produtiva. É comum que as pessoas evitem confrontos para não criar tensões ou conflitos que possam prejudicar a convivência no ambiente de trabalho. No entanto, essa atitude pode prejudicar o processo de aprendizado e melhoria contínua que é o objetivo da retrospectiva.

Algumas causas comuns para o medo de conflitos e tensões incluem:

• **Medo de prejudicar relacionamentos:** Os membros do time podem temer que o confronto possa prejudicar seus relacionamentos com outros membros do time, ou que possam ser vistos como agressivos ou não colaborativos.

• **Falta de habilidades de comunicação:** Alguns membros do time podem não se sentir à vontade para expressar suas opiniões ou ideias, ou podem não saber como fazê-lo de forma assertiva e respeitosa.

• **Medo de serem mal interpretados:** Os membros do time podem ter medo de serem mal interpretados ou de que suas palavras sejam distorcidas, o que pode levar a conflitos ou tensões desnecessárias.

• **Medo de perturbar o ambiente de trabalho:** Os membros da equipe podem temer que as tensões e conflitos possam perturbar a harmonia do ambiente de trabalho e afetar negativamente a produtividade.

• **Medo de desrespeitar as diferenças culturais:** Às vezes, os membros da equipe podem ter medo de expor suas opiniões porque podem ser considerados desrespeitosos com as diferenças culturais dos outros membros da equipe.

• **Medo de prejudicar a relação com os colegas:** Os membros da equipe podem temer que a exposição de suas opiniões possa prejudicar sua relação com os colegas de trabalho.

Para superar esse medo de conflitos e tensões na retrospectiva da Sprint, a equipe pode adotar as seguintes práticas:

• **Estabelecer normas e regras claras para a comunicação:** A equipe pode definir normas claras sobre como a comunicação deve ser conduzida durante a retrospectiva da Sprint. Isso pode incluir regras sobre como os membros devem se expressar, como ouvir e respeitar as opiniões dos outros e como lidar com conflitos de maneira construtiva.

• **Encorajar a expressão de opiniões divergentes:** É importante encorajar a expressão de opiniões divergentes na equipe, para que as diferenças de opinião possam ser resolvidas antes que se transformem em conflitos maiores. A equipe pode estabelecer um ambiente seguro onde todos se sintam confortáveis em compartilhar suas opiniões.

• **Focar na solução de problemas:** Em vez de focar em quem está certo ou errado, a equipe deve se concentrar em resolver problemas e melhorar o processo. Isso ajuda a minimizar a tensão entre os membros da equipe, pois todos estão trabalhando juntos para alcançar um objetivo em comum.

- **Realizar atividades de team building:** Realizar atividades que ajudem a fortalecer as relações entre os membros da equipe pode ajudar a reduzir os conflitos e tensões. Isso pode incluir atividades que envolvem a colaboração e a comunicação, como jogos de quebra-gelo, dinâmicas de grupo etc.

- **Respeitar as diferenças culturais:** A equipe deve estar ciente das diferenças culturais e de como elas podem influenciar a comunicação e as relações de trabalho. É importante respeitar as diferenças culturais e promover a diversidade e inclusão na equipe.

- **Estimular o diálogo aberto:** Os membros da equipe devem ser encorajados a dialogar abertamente, sempre levando em consideração a opinião dos outros e evitando julgamentos. Uma comunicação aberta e transparente pode ajudar a minimizar conflitos.

- **Promover a ideia de que os conflitos são saudáveis:** É importante que o time entenda que conflitos podem ser saudáveis e que podem levar a soluções criativas e inovadoras. O facilitador da retrospectiva pode ajudar a promover essa ideia, incentivando o time a expressar suas opiniões de forma construtiva e a buscar soluções em conjunto.

- **Focar na resolução de problemas:** É importante que a retrospectiva seja vista como uma oportunidade para resolver problemas e melhorar continuamente o processo de trabalho. O facilitador da retrospectiva pode ajudar a manter o foco nessa ideia, incentivando o time a pensar em soluções práticas e a implementá-las.

5. Medo de Retaliação

O medo de retaliação é um sentimento comum em muitas equipes, e pode ser um grande obstáculo para uma retrospectiva efetiva. O medo de represálias pode fazer com que os membros do time evitem falar abertamente sobre seus problemas ou pontos de vista, pois temem que isso possa levar a consequências negativas, como punições, retaliações ou até mesmo demissões.

Existem diversas razões pelas quais os membros da equipe podem ter medo de retaliação, incluindo:

- **Liderança punitiva:** Se a liderança da empresa ou equipe for conhecida por punir ou retaliar aqueles que falam abertamente, os membros da equipe podem ter medo de enfrentar consequências negativas.

- **Falta de confiança:** Se os membros da equipe não confiam uns nos outros ou na liderança, eles podem ter medo de retaliação se expressarem suas opiniões de forma honesta e aberta.

- **Cultura de medo:** Se a cultura da equipe ou da empresa for baseada em medo e intimidação, os membros da equipe podem sentir que não têm escolha a não ser manter suas opiniões para si mesmos.

Para superar o medo de retaliação e promover uma retrospectiva mais aberta e honesta, existem algumas estratégias que podem ser adotadas:

- **Criar um ambiente seguro:** A liderança deve se esforçar para criar um ambiente seguro e de confiança em que os membros da equipe se sintam à vontade para falar abertamente sobre seus pensamentos e opiniões.

- **Promover a transparência:** A liderança deve ser transparente em relação às consequências de expor problemas ou pontos de vista. Eles devem garantir que os membros da equipe entendam que é seguro e incentivado trazer problemas e pontos de vista à tona, e que eles serão tratados de forma justa e respeitosa.

- **Estabelecer regras claras:** A equipe deve ter regras claras de conduta para garantir que todos sejam tratados com respeito e que o feedback seja fornecido de forma construtiva.

- **Promover a cultura de aprendizado:** A liderança deve enfatizar a cultura de aprendizado e melhoria contínua, em vez de punir os erros. Isso pode ajudar a dissipar o medo de retaliação e encorajar os membros da equipe a se concentrarem na solução de problemas.

• **Incentivar a colaboração:** É importante incentivar a colaboração entre os membros da equipe e a liderança. Ao trabalhar juntos para resolver problemas, a equipe pode se sentir mais segura em compartilhar seus pensamentos e opiniões.

• **Focar na solução de problemas:** Em vez de se concentrar em apontar culpados ou colocar a culpa em um único indivíduo, a equipe deve se concentrar na solução de problemas e na melhoria contínua. Isso pode ajudar a reduzir o medo de retaliação, já que o foco é na causa raiz do problema, em vez de apontar dedos.

a. Um passo a cada dia, uma conquista por vez!

O Scrum é um processo simples na sua essência, mas sua implementação é extremamente difícil, pois exige uma mudança muito grande de mentalidade das pessoas envolvidas. Implementar o Scrum requer tempo, paciência e muita dedicação, pois a transformação cultural é um processo gradual e constante.

O primeiro ponto a ser considerado como fator de sucesso, é treinar novos times com base no Guia do Scrum, antes de iniciar qualquer projeto. Isso ajuda a garantir que todos tenham um entendimento claro do processo, dos papeis e das responsabilidades envolvidas.

O segundo ponto a ser considerado como fato de sucesso, é garantir que os eventos estejam sendo realizados com regularidade. Isso inclui as reuniões diárias, as reuniões de planejamento da sprint, as revisões de sprint e as retrospectivas. É importante que esses eventos sejam realizados com consistência e que os papeis estejam sendo cumpridos, pois isso ajuda a manter o time alinhado e focado nos objetivos do projeto.

E terceiro ponto e mais importante desse tópico, é entender e aceitar que a perfeição na realização dos eventos não será atingida logo de início. A melhoria e a perfeição vêm com o tempo e com o amadurecimento do time. Por isso, o responsável por implementar o Scrum deve compreender que os times precisam de tempo para entender e aceitar as mudanças que estão ocorrendo. Tentar implementar tudo ao mesmo tempo, como uma avalanche de processos novos, vai fazer com que as pessoas respondam de forma negativa, criando barreiras na criação de uma cultura ágil na empresa.

Por isso, é importante ter o papel de um agilista próximo aos times, dando suporte e ajudando-os a ver e entender onde precisam melhorar e como melhorar. Isso ajuda a reduzir a resistência e barreiras das pessoas, e permite que elas se sintam mais confiantes e motivadas a participar ativamente do processo.

Em resumo, o Scrum é uma metodologia ágil que pode ajudar a aumentar a eficiência e a qualidade do trabalho em equipe. No entanto, sua implementação exige uma mudança de mentalidade e uma abordagem gradativa, com um passo a cada dia e uma conquista por vez. É importante garantir que os eventos estejam sendo realizados com regularidade, mas a busca pela perfeição do conteúdo dos eventos, assim como outros pontos a serem implementados, deve ser feita gradativamente, para reduzir a resistência e barreiras das pessoas e permitir que elas se adaptem e evoluam com o tempo.

4.17. Scrum requer constante acompanhamento e treinamento.

Times de Scrum precisam de treinamento constante para garantir que todos os membros compreendam os valores e princípios do Scrum. O treinamento ajuda os times a entenderem como o Scrum funciona, o que são os papéis, eventos e artefatos do Scrum, e como eles podem trabalhar juntos para alcançar os objetivos do projeto. Sem um treinamento adequado, os membros da equipe podem ter dificuldades em trabalhar juntos e podem ter dificuldades em entender como as suas ações impactam o projeto como um todo.

O acompanhamento constante é igualmente importante. O Scrum Master ou um Agilista é responsável por garantir que a equipe esteja seguindo o Scrum de forma adequada. Eles trabalham como um maestro na orquestra, garantindo que todos os membros estejam tocando juntos e que a música esteja fluindo sem interrupções. Sem o acompanhamento constante, os times de Scrum podem começar a questionar a importância dos eventos e deixar de realizá-los. Eles podem começar a não cumprir plenamente com todas as suas responsabilidades, o que pode afetar negativamente a qualidade do produto.

O acompanhamento constante também ajuda a equipe a identificar e resolver problemas rapidamente. Quando o Scrum Master ou um Agilista está acompanhando o time de perto, ele pode detectar problemas e ajudar a equipe a encontrar soluções. Isso pode incluir ajustar a cadência das reuniões, ajudar a equipe a lidar com conflitos internos ou auxiliar em decisões importantes.

Além disso, o acompanhamento constante ajuda a manter o time de Scrum motivado e engajado. Quando a equipe está ciente de que está sendo acompanhada, eles são mais propensos a permanecer focados e a trabalhar duro para alcançar os objetivos do projeto. Isso ajuda a manter o Scrum em funcionamento e garante que a equipe entregue produtos de qualidade dentro do prazo.

Em resumo, o Scrum requer acompanhamento e treinamento constante para garantir que a equipe esteja seguindo as melhores práticas e realizando seus papéis de forma eficiente. O Scrum Master ou um Agilista é essencial nesse processo, como um maestro que ajuda a equipe a manter o ritmo e a superar os obstáculos que possam surgir ao longo do caminho. Com um treinamento e acompanhamento adequados, a equipe pode alcançar os objetivos do projeto de forma mais eficiente, com maior qualidade e satisfação do cliente.

4.18. Uma Cultura Ágil é essencial para a sobrevivência do Scrum

Criar uma cultura em uma empresa é um processo complexo e desafiador, mas essencial para que a empresa possa alcançar seus objetivos estratégicos. A cultura é composta por crenças, valores, hábitos e comportamentos compartilhados pelos membros da equipe. É o que molda o ambiente de trabalho e influencia a forma como as pessoas interagem umas com as outras e com os processos da empresa.

No contexto da metodologia Scrum, uma cultura ágil é essencial para a sobrevivência do framework. Uma cultura ágil é caracterizada por valores como colaboração, transparência, adaptação e foco no valor entregue ao cliente. Quando uma empresa adota uma cultura ágil, ela se torna mais flexível, adaptável e capaz de lidar com mudanças e incertezas.

No entanto, quando uma empresa não consegue criar uma cultura ágil, ela pode enfrentar várias barreiras, tais como:

1.   Resistência à mudança:

A resistência à mudança é um dos principais obstáculos que as empresas enfrentam quando tentam criar uma cultura ágil. Isso ocorre porque as pessoas tendem a ficar confortáveis em suas rotinas e processos existentes, e muitas vezes resistem à ideia de mudar a maneira como fazem as coisas. Além disso, a cultura tradicional de muitas empresas é baseada em processos burocráticos e hierarquia rígida, o que torna ainda mais difícil a mudança para uma cultura ágil.

Para superar a resistência à mudança, é importante envolver toda a equipe no processo de transição para a cultura ágil. Isso inclui educar os membros da equipe sobre os princípios e valores da cultura ágil, bem como os benefícios de se trabalhar dessa forma. É fundamental que os membros da equipe compreendam por que a mudança é necessária e como isso pode melhorar a entrega de valor ao cliente.

Além disso, é importante ter líderes comprometidos com a mudança e que sejam capazes de motivar e inspirar a equipe a adotar a cultura ágil. Os líderes devem ser exemplos da cultura ágil e estar dispostos a mudar sua própria maneira de trabalhar.

Outra estratégia eficaz para superar a resistência à mudança é começar com pequenas mudanças e demonstrar os resultados positivos. Isso ajuda a construir momentum e a aumentar a confiança da equipe na nova cultura. Aos poucos, a equipe começa a ver como a cultura ágil pode melhorar sua eficiência, colaboração e entrega de valor ao cliente, o que ajuda a superar a resistência à mudança e construir uma cultura ágil mais forte.

2. Falta de comunicação:

A falta de comunicação é outro problema comum quando a empresa não consegue criar uma cultura ágil. Em muitas organizações tradicionais, a comunicação é vertical, ou seja, as informações são transmitidas de cima para baixo, sem muita interação ou feedback da equipe. Isso pode levar a um ambiente de trabalho em que as informações são retidas e não fluem livremente, o que dificulta a colaboração e a tomada de decisões eficazes.

Na cultura ágil, a comunicação é horizontal e a equipe trabalha em conjunto para alcançar os objetivos comuns. A comunicação eficaz é fundamental para o sucesso de um projeto ágil, pois ajuda a garantir que todos na equipe estejam na mesma página, entendam seus papéis e responsabilidades e saibam o que está sendo feito em cada fase do projeto.

Para superar a falta de comunicação, é importante criar uma cultura de transparência e confiança. Isso pode ser alcançado por meio de práticas como reuniões diárias de stand-up, revisões de sprint regulares e retrospectivas em equipe. Essas práticas ajudam a manter a equipe alinhada e informada sobre o progresso do projeto, bem como a identificar e abordar quaisquer problemas ou obstáculos que possam surgir.

Além disso, é importante incentivar a comunicação aberta e honesta em toda a organização. Isso pode ser alcançado por meio de canais de comunicação abertos e transparentes, como fóruns de discussão, salas de bate-papo e reuniões abertas. Também é importante que os líderes estejam dispostos a ouvir e responder aos comentários e sugestões da equipe, a fim de promover uma cultura de comunicação aberta e colaborativa.

3. Foco em tarefas em vez de valor:

Outro problema comum que pode surgir quando a empresa não consegue criar uma cultura ágil é o foco excessivo em tarefas em vez de valor. Em uma cultura tradicional, muitas vezes é dada mais importância às atividades individuais do que ao valor que elas trazem ao projeto ou ao cliente. Isso pode levar a uma mentalidade de "checklist", em que a equipe se concentra em concluir tarefas sem considerar se elas são realmente necessárias ou se estão alinhadas com os objetivos do projeto.

Por outro lado, a cultura ágil enfatiza a entrega de valor ao cliente. Em vez de se concentrar em tarefas específicas, a equipe deve se concentrar em entregar o máximo valor possível em cada iteração. Isso significa que as tarefas devem ser priorizadas com base em seu impacto no valor do produto, e não apenas em sua complexidade ou tempo necessário para ser concluídas.

Para superar esse problema, é importante que a equipe tenha uma visão clara do valor que está sendo entregue a cada iteração do projeto. Isso pode ser alcançado por meio de uma visão clara do produto e dos objetivos do projeto, bem como da definição clara de critérios de aceitação para cada tarefa ou história de usuário.

Além disso, é importante que a equipe seja capaz de se adaptar rapidamente às mudanças nas necessidades do cliente ou do mercado. Isso pode ser alcançado por meio de práticas como reuniões de planejamento de sprint regulares, revisões de sprint e retrospectivas em equipe. Essas práticas ajudam a garantir que a equipe esteja sempre trabalhando no que é mais valioso para o cliente e para o sucesso do projeto.

4.   Hierarquia rígida:

Um dos problemas mais comuns que ocorrem quando uma empresa não consegue criar uma cultura ágil é a hierarquia rígida. Em muitas empresas, as estruturas hierárquicas são muito rígidas e inflexíveis, tornando difícil para as equipes tomarem decisões e agirem de forma ágil.

Uma hierarquia rígida pode levar a atrasos na tomada de decisões, já que as decisões precisam passar por vários níveis de aprovação antes de serem implementadas. Além disso, a hierarquia rígida pode levar a uma falta de responsabilidade, já que os membros da equipe podem se sentir incapazes de tomar decisões sem a aprovação de seus superiores.

Em uma cultura ágil, a hierarquia é mais fluida e as equipes são encorajadas a tomar decisões e agir rapidamente para resolver problemas. As equipes têm mais autonomia para tomar decisões e são incentivadas a trabalhar em conjunto para alcançar os objetivos do projeto.

Para superar esse problema, é importante que a empresa adote uma abordagem mais ágil para a tomada de decisões e a gestão de projetos. Isso pode envolver a criação de equipes multidisciplinares que são responsáveis por tomar decisões e implementar mudanças, bem como a eliminação de barreiras hierárquicas que possam impedir o fluxo de informações e ideias.

A empresa também pode investir na capacitação dos membros da equipe, para que possam desenvolver habilidades de liderança e comunicação para que possam trabalhar de forma mais colaborativa e tomar decisões de forma mais rápida e eficaz.

5.   Ausência de melhoria contínua:

A ausência de melhoria contínua é outro problema comum que pode surgir quando uma empresa não consegue criar uma cultura ágil. Em uma empresa que não valoriza a melhoria contínua, é mais provável que as equipes realizem as tarefas de maneira rotineira e repetitiva, sem avaliar regularmente o desempenho do projeto ou considerar maneiras de melhorar o processo.

A falta de melhoria contínua pode levar a uma diminuição da qualidade do produto, bem como a uma diminuição na eficiência da equipe. Sem a avaliação e a melhoria contínua do processo, as equipes podem perder oportunidades de inovação e melhorias, e podem acabar estagnando.

Por outro lado, uma cultura ágil incentiva a melhoria contínua, com um foco constante em encontrar maneiras de melhorar o processo e o produto. As equipes são incentivadas a avaliar constantemente o desempenho do projeto e a implementar mudanças para melhorar a qualidade e a eficiência.

Para superar esse problema, é importante que a empresa adote uma abordagem mais ágil para a gestão de projetos, com um foco constante na melhoria contínua. Isso pode envolver a implementação de ferramentas e processos que incentivem a avaliação regular do desempenho do projeto, bem como a realização de retrospectivas regulares para identificar oportunidades de melhoria.

A empresa também pode investir na capacitação dos membros da equipe, para que possam desenvolver habilidades em análise de dados e resolução de problemas, a fim de que possam tomar decisões informadas para melhorar o processo e o produto. A criação de um ambiente onde os membros da equipe se sintam à vontade para compartilhar ideias e sugestões para melhorias é um passo importante para desenvolver uma cultura de melhoria contínua.

6.   Líderes continuam agindo como "Chefes"

Outro problema que pode surgir quando uma empresa não consegue criar uma cultura ágil é a persistência de uma mentalidade de "chefe" entre os líderes e coordenadores. Isso pode levar a uma abordagem mais autoritária para a gestão de projetos, com líderes que dão ordens e controlam rigidamente a equipe, em vez de colaborar com eles.

Essa abordagem pode levar a uma diminuição na criatividade e no engajamento da equipe, bem como a um ambiente de trabalho desmotivador. Em uma cultura ágil, o papel do líder é muito diferente. O líder é visto como um facilitador, em vez de um chefe, e sua função é ajudar a equipe a atingir seus objetivos, em vez de controlá-los.

Os líderes ágeis devem estar dispostos a ouvir a equipe, a colaborar e a fornecer orientação e apoio, em vez de ditar ordens. Eles também devem ser flexíveis e adaptáveis, capazes de ajustar suas abordagens à medida que a situação muda.

Para superar esse problema, é importante que a empresa invista na capacitação dos líderes e coordenadores, de forma a capacitá-los a adotar uma abordagem mais colaborativa e flexível. É fundamental que os líderes compreendam o valor da cultura ágil e estejam dispostos a se adaptar a ela.

Também é importante que a empresa crie um ambiente onde a colaboração e a inovação são valorizadas, e que a equipe tenha voz ativa no processo de tomada de decisões. Dessa forma, a cultura de "chefe" pode ser gradualmente substituída por uma cultura de liderança mais ágil, onde a colaboração e o engajamento da equipe são valorizados e incentivados.

7. As pessoas continuarão a questionar o motivo dos seus papeis e o propósito dos eventos

Quando uma empresa não consegue criar uma cultura ágil, é comum que as pessoas continuem a questionar o motivo dos seus papeis e o propósito dos eventos relacionados ao Scrum. Isso ocorre porque uma cultura ágil exige que todos na equipe compreendam o valor e a importância de cada papel e evento.

Se as pessoas não entendem por que estão fazendo uma determinada tarefa ou por que um evento é necessário, é provável que não se envolvam completamente e não alcancem os objetivos desejados. Além disso, quando as pessoas não compreendem o propósito do seu papel ou dos eventos, elas podem facilmente se desviar do caminho ou perder o foco, o que pode atrasar o progresso do projeto.

Para resolver esse problema, é importante que a empresa invista na educação e treinamento da equipe, para garantir que todos os membros entendam claramente seus papéis e responsabilidades, bem como a importância dos eventos relacionados ao Scrum. Isso pode ser feito por meio de sessões de treinamento, workshops e outras atividades educacionais.

Também é importante que a empresa mantenha uma comunicação aberta e transparente, para que as pessoas se sintam confortáveis em fazer perguntas e esclarecer dúvidas sobre seus papéis e eventos relacionados ao Scrum. Dessa forma, a equipe terá uma compreensão clara do seu propósito e poderá se envolver de forma mais eficaz em suas tarefas.

Por fim, é importante que a empresa crie um ambiente onde as pessoas se sintam motivadas e engajadas em seus papéis e eventos relacionados ao Scrum. Isso pode ser alcançado através da criação de uma cultura colaborativa, onde todos são encorajados a trabalhar em conjunto para alcançar os objetivos comuns e onde as conquistas são comemoradas e reconhecidas. Quando a equipe está motivada e engajada, é mais provável que eles estejam dispostos a aceitar seus papéis e a participar ativamente dos eventos relacionados ao Scrum.

8. Outras reuniões, eventos e atividades sempre serão prioridades em relação aos propósitos do Scrum

Outro problema que pode ocorrer quando uma empresa não consegue criar uma cultura ágil é que outras reuniões, eventos e atividades sempre serão priorizados em relação aos propósitos do Scrum. Isso pode acontecer porque as pessoas envolvidas podem não entender ou não valorizar completamente os benefícios que a metodologia ágil pode trazer para a organização.

Dessa forma, as equipes acabam se envolvendo em outras atividades que parecem mais importantes, como reuniões interdepartamentais, treinamentos, palestras ou até mesmo projetos individuais, deixando em segundo plano a implementação das práticas ágeis e, consequentemente, a obtenção dos benefícios do Scrum.

Isso pode ocorrer especialmente quando a organização não tem uma visão clara dos resultados que espera obter com o uso do Scrum. É importante que as equipes tenham um objetivo claro e bem definido para o projeto, bem como uma estratégia para alcançá-lo. Além disso, é fundamental que os líderes da empresa sejam capazes de priorizar adequadamente as atividades relacionadas ao Scrum em relação a outras demandas da empresa, garantindo que a metodologia não seja deixada de lado.

Quando outras atividades são priorizadas em detrimento do Scrum, isso pode levar a atrasos nos projetos, falta de comprometimento por parte das equipes e até mesmo à falha na implementação da metodologia. Para evitar esse problema, é fundamental que as equipes entendam a importância do Scrum e recebam o suporte necessário dos líderes da empresa para priorizar as atividades relacionadas à metodologia.

9.   Dificuldade em se criar times autogerenciáveis

Um dos valores fundamentais do Agile é a criação de equipes autogerenciáveis, que têm a liberdade e a responsabilidade de tomar decisões que afetam diretamente o resultado de seu trabalho. No entanto, se a cultura ágil não for cultivada na empresa, é muito difícil criar equipes autogerenciáveis.

As equipes precisam de um ambiente seguro para experimentar e aprender, e é importante que a liderança permita que os membros da equipe assumam a responsabilidade por suas tarefas e tomem decisões relacionadas à sua área de trabalho. Se a liderança da empresa ainda está presa a uma mentalidade de comando e controle, e não confia nos membros da equipe para tomar decisões, é improvável que a equipe se torne autogerenciável.

O Scrum pressupõe que as equipes são auto-organizadas e autogerenciáveis, mas, na ausência de uma cultura ágil, os membros da equipe provavelmente precisarão de orientação constante, o que pode prejudicar o processo de desenvolvimento ágil e atrasar o alcance dos objetivos do projeto.

Sem uma cultura ágil sólida, as equipes provavelmente não terão a autonomia necessária para tomar decisões importantes, e a liderança da empresa não será capaz de confiar plenamente em sua equipe. Isso pode levar a conflitos, atrasos e um ambiente de trabalho insalubre.

10. Inexistência de uma colaboração plena e verdadeira entre os times:

A falta de colaboração plena e verdadeira entre os times é outro problema que pode ocorrer quando uma empresa não consegue criar uma cultura ágil. Com uma cultura ágil forte, os membros da equipe se tornam mais colaborativos, ajudando uns aos outros a alcançar seus objetivos e priorizando o sucesso do projeto em vez de suas próprias realizações individuais.

Sem uma cultura ágil forte, no entanto, é comum que os times se tornem mais isolados e centrados em suas próprias tarefas, sem compartilhar informações ou ideias. Isso pode levar a uma falta de colaboração e coordenação entre as equipes, o que pode causar atrasos e dificultar a conclusão do projeto.

Além disso, sem uma cultura ágil forte, as equipes podem ter dificuldade em trabalhar juntas em atividades como reuniões de planejamento e revisão, o que pode prejudicar a eficácia dessas atividades. Isso pode levar a uma falta de visibilidade sobre o andamento do projeto e impedir a identificação de problemas e oportunidades de melhoria.

Por fim, a falta de colaboração plena e verdadeira entre as equipes pode levar a conflitos e tensões, o que pode prejudicar a moral da equipe e reduzir a motivação para concluir o projeto. Isso pode levar a um ambiente de trabalho negativo e desmotivador, o que pode afetar negativamente a produtividade e a qualidade do trabalho.

Por outro lado, quando uma empresa consegue criar uma cultura ágil, ela pode experimentar várias vantagens, tais como:

1. Foco no valor entregue ao cliente:

Quando a empresa consegue criar uma cultura ágil, uma das principais vantagens é o foco no valor entregue ao cliente. A cultura ágil é centrada no cliente, e cada iteração do Scrum é focada em entregar valor para o cliente. Os times ágeis trabalham em ciclos curtos, conhecidos como sprints, que geralmente duram de duas a quatro semanas. Durante esses sprints, o time trabalha para entregar um incremento de valor que possa ser entregue ao cliente.

Essa abordagem permite que o time receba feedback mais cedo e com mais frequência, o que significa que podem fazer ajustes no produto ou serviço mais rapidamente. Ao colocar o foco no valor entregue ao cliente, as empresas podem aumentar a satisfação do cliente e, consequentemente, a retenção de clientes e o crescimento de receita.

Além disso, o foco no valor entregue ao cliente também significa que as empresas estão mais propensas a criar produtos ou serviços que atendam às necessidades do mercado. Em vez de trabalhar em projetos que não têm valor para os clientes, a empresa pode se concentrar no que é importante e relevante para o seu público-alvo.

Por fim, o foco no valor entregue ao cliente também ajuda a empresa a definir prioridades. Em vez de gastar tempo e recursos em tarefas que não agregam valor, o time pode se concentrar nas atividades que realmente importam e que podem ter um impacto significativo no sucesso do produto ou serviço.

2. Comunicação aberta e transparente

Uma das principais vantagens de uma cultura ágil bem estabelecida em uma empresa é a comunicação aberta e transparente entre as equipes. Quando as pessoas estão comprometidas com os valores e princípios ágeis, elas tendem a se comunicar mais abertamente e de forma mais clara.

Com uma comunicação eficaz, é mais fácil para as equipes se manterem atualizadas sobre o que está acontecendo em diferentes projetos, compartilharem ideias e feedback, e identificarem problemas e oportunidades de melhoria. A comunicação também ajuda a garantir que todos estejam alinhados com os objetivos do projeto e com as prioridades da empresa.

Além disso, a comunicação transparente pode ajudar a construir a confiança entre as equipes e seus líderes. Quando as pessoas sabem que podem expressar suas opiniões e preocupações livremente, elas tendem a se sentir mais confiantes e engajadas no trabalho. Isso pode levar a uma melhoria geral na colaboração, na produtividade e na qualidade do trabalho realizado.

Por fim, a comunicação aberta e transparente pode ajudar a evitar problemas decorrentes de suposições e expectativas não atendidas. Quando as equipes se comunicam claramente e de forma aberta, é mais fácil para elas entenderem as necessidades e expectativas de cada um, o que pode levar a uma maior eficácia e eficiência na execução de tarefas e projetos.

3.   Flexibilidade

Uma das principais vantagens de se criar uma cultura ágil na empresa é a flexibilidade que isso proporciona. As metodologias ágeis, como o Scrum, foram criadas para permitir que as equipes possam se adaptar às mudanças de forma rápida e eficiente, sem comprometer a qualidade ou a entrega do produto final. Isso significa que, quando a cultura ágil é implementada, os times conseguem lidar melhor com imprevistos e mudanças de escopo, sem que isso afete de forma significativa o andamento do projeto.

Essa flexibilidade é alcançada por meio de diversos elementos da cultura ágil, como a priorização do backlog de acordo com o valor entregue, a realização de sprints curtos e iterativos, a realização de reuniões diárias para alinhar o trabalho e identificar impedimentos, entre outros. Tudo isso permite que as equipes consigam se adaptar rapidamente às mudanças e, assim, manter o ritmo de trabalho e entregar valor de forma contínua.

Além disso, a flexibilidade também ajuda as empresas a se manterem competitivas no mercado, pois permite que elas se adaptem mais rapidamente às mudanças do mercado e às demandas dos clientes. Isso é especialmente importante em um mundo cada vez mais dinâmico e em constante mudança, no qual as empresas que conseguem se adaptar mais rapidamente têm mais chances de sobreviver e prosperar.

4. Melhoria contínua

Quando uma empresa adota uma cultura ágil, ela geralmente busca uma melhoria contínua em seus processos e produtos. Isso é alcançado através do ciclo de feedback contínuo, em que o feedback é coletado de forma rápida e contínua para melhorar o produto e o processo de desenvolvimento. Com a cultura ágil, as equipes são encorajadas a avaliar constantemente os resultados alcançados e fazer ajustes para garantir que estão atendendo às necessidades do cliente e mantendo-se atualizadas em relação aos concorrentes. A equipe trabalha de forma colaborativa para identificar problemas e buscar soluções, em vez de esperar por um plano pré-determinado. Essa abordagem leva a uma cultura de melhoria contínua, em que os processos e produtos são constantemente aprimorados para atender às necessidades do cliente e se adaptar às mudanças no mercado.

Além disso, com a cultura ágil, a equipe é incentivada a refletir sobre suas práticas e processos e procurar maneiras de melhorá-las. Através de retrospectivas regulares, a equipe é capaz de identificar o que funcionou e o que não funcionou e, em seguida, ajustar seus processos para garantir que possam trabalhar de forma mais eficiente e eficaz. Isso pode levar a uma cultura de inovação, em que a equipe está constantemente experimentando e testando novas abordagens para melhorar seus produtos e processos.

Além disso, a melhoria contínua também leva a uma redução do desperdício e da ineficiência, o que pode levar a uma redução de custos e a um aumento da eficiência. Ao eliminar atividades desnecessárias e melhorar processos, a equipe pode trabalhar de forma mais eficiente, o que se traduz em uma melhor utilização de recursos e tempo. Isso pode levar a um produto de melhor qualidade entregue ao cliente, resultando em maior satisfação e lealdade do cliente.

Em resumo, a cultura ágil incentiva a melhoria contínua, através do ciclo de feedback contínuo e de retrospectivas regulares. Isso leva a uma equipe mais inovadora e eficiente, redução de custos, melhoria da qualidade do produto e maior satisfação e lealdade do cliente.

5. Colaboração plena e verdadeira

Quando a empresa consegue criar uma cultura ágil, um dos benefícios mais significativos é a promoção da colaboração plena e verdadeira entre os membros da equipe. Os valores e princípios ágeis incentivam a colaboração entre todos os envolvidos no projeto, incluindo membros da equipe, clientes, gerentes e outras partes interessadas. Isso ajuda a garantir que todos estejam trabalhando juntos em prol do objetivo comum do projeto.

A colaboração plena e verdadeira também ajuda a melhorar a qualidade do produto ou serviço final. Com todos trabalhando juntos, as ideias são compartilhadas, as preocupações são discutidas e as soluções são encontradas em conjunto. Os membros da equipe podem aprender uns com os outros e, juntos, criam um ambiente em que o trabalho é mais produtivo e eficiente.

A colaboração também pode ser incentivada por meio de práticas ágeis, como pareamento, reuniões diárias e sessões de revisão. Através dessas práticas, os membros da equipe são capazes de trabalhar juntos, identificar problemas e encontrar soluções de forma colaborativa.

Além disso, quando há uma cultura de colaboração, os membros da equipe se sentem mais valorizados e engajados. Eles se sentem parte de algo maior e têm um senso de propósito compartilhado. Isso leva a uma maior satisfação no trabalho e, consequentemente, a um ambiente mais positivo e produtivo.

6. As pessoas deixam de questionar o motivo e passam a focar em como fazer melhorar

Quando uma empresa consegue criar uma cultura ágil, uma das principais vantagens é que as pessoas deixam de questionar o motivo pelo qual estão fazendo algo e passam a focar em como fazer melhor e evoluir. Isso ocorre porque a cultura ágil incentiva a colaboração, a transparência e a comunicação aberta, permitindo que as pessoas tenham uma visão clara do trabalho que está sendo feito, dos objetivos que estão sendo buscados e dos resultados que estão sendo alcançados.

Ao trabalhar em um ambiente ágil, as pessoas têm um senso maior de propósito e responsabilidade em relação ao trabalho que realizam, o que aumenta sua motivação e engajamento. Além disso, a cultura ágil incentiva a experimentação e a melhoria contínua, o que significa que as pessoas são encorajadas a tentar coisas novas e a aprender com os erros, em vez de simplesmente seguir um plano pré-definido. Isso ajuda a criar um ambiente mais criativo e inovador, em que as pessoas se sentem mais à vontade para assumir riscos e propor soluções criativas para os problemas.

Outra vantagem de uma cultura ágil é que ela ajuda a promover a autonomia e a auto-organização das equipes. Em vez de serem gerenciados de cima para baixo, as equipes são incentivadas a trabalhar de forma colaborativa e a tomar decisões conjuntas, o que aumenta a eficiência e a produtividade. Além disso, a cultura ágil também ajuda a criar um ambiente de confiança e respeito mútuo, em que as pessoas se sentem seguras para expressar suas opiniões e ideias, o que contribui para uma atmosfera de trabalho mais positiva e colaborativa.

Em resumo, a criação de uma cultura ágil pode trazer uma série de vantagens para a empresa, incluindo um foco maior no valor entregue ao cliente, comunicação aberta e transparente, flexibilidade, melhoria contínua, colaboração plena e verdadeira, e uma maior disposição das pessoas em se concentrar em como fazer melhor e evoluir. Tudo isso contribui para um ambiente de trabalho mais criativo, produtivo e inovador, que pode ajudar a empresa a se adaptar melhor às mudanças do mercado e a alcançar seus objetivos de negócios de forma mais eficiente.

Em resumo, a construção de uma cultura ágil é essencial para a sobrevivência do Scrum na empresa. A mudança de mentalidade e a forma de fazer as coisas devem ser abraçadas por toda a equipe. Quando a cultura ágil se torna parte da vida dos times, eles conseguem trabalhar de forma mais eficiente, entregar valor ao cliente e alcançar os objetivos de negócio da empresa.

5.   O sucesso na implementação

5.1.   A importância da comunicação efetiva no Scrum

O Scrum é muito mais do que apenas uma metodologia ágil de desenvolvimento de produtos. A verdadeira magia do Scrum reside na comunicação efetiva entre todos os membros da equipe.

Comunicação é a chave para o sucesso de qualquer projeto gerenciado através do Scrum. Sem uma comunicação efetiva, a equipe pode se perder em meio ao processo, o que pode prejudicar o andamento do projeto. O Scrum é projetado para encorajar a comunicação, e isso é evidente em todos os papéis, eventos e artefatos do Scrum.

O Product Owner é responsável por garantir que as necessidades do cliente sejam atendidas e que a equipe esteja trabalhando no produto correto. Para isso, é importante que ele se comunique de forma eficaz com a equipe para garantir que as informações sobre as necessidades do cliente sejam claras e precisas.

O Scrum Master é responsável por garantir que o processo do Scrum esteja sendo seguido corretamente e que a equipe esteja trabalhando em harmonia. Ele deve estar sempre disponível para ouvir os membros da equipe e ajudá-los a superar quaisquer obstáculos que possam surgir. É importante que o Scrum Master esteja sempre comunicando com a equipe, para que ele possa identificar rapidamente qualquer problema que possa surgir e tomar medidas para resolvê-lo.

Os membros da equipe são responsáveis por realizar o trabalho de desenvolvimento, mas para isso é fundamental que eles se comuniquem uns com os outros de forma efetiva. Eles devem estar sempre em contato para garantir que todos estejam trabalhando em harmonia e para resolver qualquer problema que possa surgir. A comunicação efetiva também é essencial para garantir que o trabalho esteja sendo concluído no prazo.

Os eventos do Scrum são projetados para encorajar a comunicação efetiva. A Reunião de Planejamento da Sprint permite que a equipe se comunique e defina as metas para a próxima sprint. A Reunião Diária da Sprint permite que a equipe compartilhe informações sobre o trabalho em andamento e identifique quaisquer obstáculos que possam surgir. A Revisão da Sprint permite que a equipe compartilhe o trabalho concluído e obtenha feedback do Product Owner e do cliente. E a Retrospectiva da Sprint permite que a equipe reflita sobre o trabalho realizado e identifique maneiras de melhorar o processo.

Os artefatos do Scrum também desempenham um papel importante na comunicação efetiva. O Product Backlog fornece informações sobre as necessidades do cliente, enquanto o Sprint Backlog fornece informações sobre o trabalho que será realizado na sprint atual. O Incremento é o resultado do trabalho concluído pela equipe e é uma forma de comunicação para o Product Owner e o cliente sobre o progresso do projeto.

Portanto, a comunicação efetiva é a chave para o sucesso do Scrum. Sem ela, é difícil garantir a entrega de um produto de alta qualidade e satisfazer as expectativas do cliente. Os cinco eventos do Scrum foram projetados para promover a comunicação aberta e a colaboração contínua entre os membros da equipe, além de garantir a transparência e a inspeção constante do progresso do projeto. É importante lembrar que a comunicação efetiva não é apenas uma parte do processo do Scrum, mas sim uma mentalidade que deve ser vivida e incentivada em todos os momentos dentro da equipe. Quando todos os membros da equipe se comunicam abertamente e com frequência, é possível lidar com desafios de forma mais efetiva, resolver problemas mais rapidamente e alcançar resultados extraordinários.

5.2. A importância da colaboração na implementação bem-sucedida do Scrum

O Scrum não é apenas um processo, é uma cultura, uma forma de pensar e trabalhar em equipe que prioriza a colaboração, a transparência e a comunicação efetiva. E o papel da colaboração é crucial para uma implementação bem-sucedida do Scrum.

O sucesso do Scrum depende da interação constante entre os membros da equipe, do Scrum Master e do Product Owner. É preciso que haja um ambiente de confiança e segurança psicológica para que todos possam compartilhar suas ideias, opiniões e desafios sem medo de julgamento ou retaliação.

A colaboração começa desde o início do projeto, na definição do Product Backlog. É importante que o Product Owner trabalhe em conjunto com a equipe para definir as prioridades do Backlog e garantir que ele esteja sempre atualizado e refletindo as necessidades do negócio.

Durante o Sprint, a colaboração se intensifica. A equipe deve trabalhar em conjunto para planejar e executar as tarefas necessárias para atingir o objetivo da Sprint. Todos devem se sentir responsáveis pelo sucesso do Sprint e estar comprometidos com o resultado final.

O Scrum Master tem um papel fundamental na colaboração. Ele deve trabalhar para criar um ambiente seguro e acolhedor, onde a equipe possa compartilhar suas ideias e opiniões livremente. Além disso, ele deve ajudar a equipe a identificar e superar os obstáculos que surgirem durante o processo.

A colaboração também é importante durante os eventos do Scrum, como a Reunião Diária, a Revisão da Sprint e a Retrospectiva. Esses eventos são projetados para promover a colaboração e a comunicação efetiva entre a equipe e os stakeholders.

No final da Sprint, a colaboração é avaliada pelo Incremento. O Incremento é a soma de todas as histórias de usuário concluídas durante a Sprint e deve ser um produto funcional e de alta qualidade. Isso só é possível com a colaboração constante da equipe e a preocupação com a qualidade e a entrega de valor para o negócio.

Em resumo, a colaboração é a essência do Scrum. Sem ela, o Scrum não é nada mais do que um processo vazio. É a colaboração que permite que a equipe trabalhe de forma eficaz e eficiente, resolvendo problemas e entregando valor para o negócio. A colaboração deve ser incentivada e praticada em todos os momentos do processo do Scrum, tornando-se uma cultura enraizada na equipe. A verdadeira magia do Scrum está na colaboração entre os membros da equipe, no comprometimento com o sucesso do Sprint e na entrega de valor para o negócio.

5.3. Estratégias para promover a colaboração e o trabalho em equipe no Scrum.

O sucesso de um projeto Scrum depende diretamente da colaboração e do trabalho em equipe. Afinal, é a união dos esforços de cada membro que resulta em um produto de qualidade entregue no prazo.

As empresas e seus gestores podem adotar algumas estratégias para incentivar a colaboração. Em primeiro lugar, é preciso criar um ambiente que permita a interação e a comunicação entre os membros da equipe. Isso pode ser feito por meio da criação de espaços físicos de trabalho compartilhados, como salas de reunião e áreas comuns, ou por meio do uso de ferramentas de comunicação online.

Outra estratégia é a realização de atividades que promovam o trabalho em equipe, como dinâmicas, jogos e treinamentos. Além disso, é importante estabelecer um clima de confiança e respeito entre os membros da equipe, para que todos se sintam à vontade para compartilhar ideias e sugestões.

Os líderes têm um papel fundamental nesse processo, pois devem estar atentos para identificar e solucionar possíveis conflitos que possam surgir entre os membros da equipe. Para isso, é importante criar um ambiente de escuta ativa e incentivar a participação de todos nas decisões do projeto.

Além disso, é fundamental valorizar a colaboração e o trabalho em equipe, reconhecendo o esforço e o desempenho de cada membro.

Isso pode ser feito por meio de feedbacks construtivos, reconhecimentos públicos e premiações.

Em resumo, promover a colaboração e o trabalho em equipe no Scrum é fundamental para o sucesso do projeto. É necessário criar um ambiente propício à comunicação, realizar atividades que incentivem a interação e a confiança entre os membros da equipe, além de valorizar e reconhecer o esforço e desempenho de cada um. A implementação dessas estratégias por parte das empresas e seus líderes contribuirá para uma equipe mais unida e produtiva, que trabalha em sintonia para alcançar os objetivos do projeto.

5.4. O Scrum promove o sentimento de equipe e companheirismo

O Scrum é muito mais do que apenas uma metodologia. É um estilo de vida e um modo de trabalho colaborativo que visa à criação de um ambiente saudável e de alta performance, em que a equipe trabalha em conjunto para atingir seus objetivos. É um método que promove o sentimento de equipe e companheirismo de diversas formas, o que é fundamental para o sucesso de qualquer projeto.

Quando a equipe está alinhada e trabalha em sinergia, os resultados são muito mais efetivos e a execução dos projetos se torna muito mais ágil. O Scrum promove esse sentimento de equipe e companheirismo por meio de diversos valores que são essenciais para o sucesso de qualquer equipe.

O primeiro valor do Scrum é o comprometimento, em que cada membro da equipe se compromete a realizar suas tarefas e a colaborar para o sucesso do projeto. Isso significa que todos os membros da equipe estão comprometidos com os objetivos do projeto e estão dispostos a colaborar para alcançá-los.

Além disso, a colaboração é incentivada e praticada diariamente por meio dos eventos do Scrum, como a reunião diária, a revisão da sprint e a retrospectiva. Esses eventos promovem a interação entre os membros da equipe e a troca de conhecimentos e ideias, o que ajuda a desenvolver a sinergia e o trabalho em equipe.

Outro valor importante do Scrum é o respeito, que é essencial para o sentimento de companheirismo. Quando os membros da equipe se respeitam e valorizam, a colaboração flui com muito mais facilidade e a equipe consegue superar obstáculos de forma mais rápida e eficiente.

Além disso, o Scrum promove a autogestão da equipe, em que cada membro é responsável pelo seu trabalho e pela colaboração com os demais. Isso significa que a equipe tem mais autonomia e liberdade para tomar decisões e propor soluções, o que aumenta o senso de responsabilidade e comprometimento.

Em resumo, o Scrum é um modo de trabalho colaborativo que valoriza o sentimento de equipe e companheirismo, sendo fundamental para o sucesso do projeto. Por meio de seus valores, ele promove a colaboração, o respeito, o comprometimento e a autogestão. É importante que a equipe viva e incentive esses valores em todos os momentos do processo do Scrum, para que os resultados sejam cada vez mais efetivos e a execução dos projetos seja ainda mais ágil e eficiente. Dessa forma, a inteligência coletiva da equipe é guiada na busca constante pela melhoria do desempenho e dos resultados.

5.5. Como o Scrum facilita a comunicação entre equipes e stakeholders.

O Scrum é uma metodologia que tem como um de seus principais pilares a comunicação e colaboração entre os membros da equipe e os stakeholders. É por meio dessa conexão que os projetos podem evoluir de forma fluida e as expectativas dos envolvidos podem ser atendidas de maneira efetiva.

Para começar, é importante destacar que o Scrum tem diversas dinâmicas e ferramentas que estimulam essa comunicação.

Um exemplo é o Product Backlog, que é uma lista de itens a serem entregues pelo projeto. Essa lista pode ser compartilhada com os stakeholders, permitindo que eles tenham uma visão clara do que será desenvolvido. Além disso, a realização das reuniões de revisão da sprint também é uma oportunidade para o time apresentar o que foi desenvolvido e receber feedback dos stakeholders.

Outra ferramenta importante é a Sprint Review, que é uma reunião realizada no final de cada sprint para apresentar o incremento desenvolvido e receber feedback dos stakeholders. Essa é uma oportunidade para que todos os envolvidos no projeto possam se comunicar e garantir que as expectativas estão sendo atendidas.

Além disso, o Scrum tem a figura do Product Owner, que é responsável por representar os interesses dos stakeholders e garantir que o projeto esteja alinhado com as necessidades do negócio. Dessa forma, o Product Owner atua como um canal de comunicação entre a equipe e os stakeholders.

A comunicação efetiva entre a equipe e os stakeholders é fundamental para o sucesso do projeto. Sem ela, é difícil garantir que as expectativas estão sendo atendidas e que o projeto está seguindo na direção correta. Além disso, a falta de comunicação pode gerar problemas de entendimento e atrasos na entrega das tarefas.

Por isso, é importante que empresas e líderes incentivem a comunicação entre as equipes e os stakeholders, estabelecendo canais de comunicação claros e garantindo que todos estejam alinhados com os objetivos do projeto. Quando todos trabalham juntos, a colaboração flui de forma natural e o resultado final é sempre melhor.

5.6.   O verdadeiro poder do Scrum Master

O Scrum Master é uma figura crucial no processo de implementação do Scrum. É ele quem lidera a equipe de desenvolvimento, remove os impedimentos e garante que o processo esteja sendo seguido corretamente. Mas o que realmente é o verdadeiro poder do Scrum Master?

Em primeiro lugar, é importante entender que o Scrum Master é um profissional que exerce um papel fundamental, pois é ele quem lidera o processo, garante que as regras do Scrum sejam cumpridas e remove obstáculos que possam impedir o sucesso do projeto.

Vamos explorar como o Scrum Master demonstra seu poder de atuação durante os eventos do Scrum e no dia a dia com os desenvolvedores e o Product Owner:

1.   Liderança e Facilitação durante os eventos do Scrum:

O Scrum Master é responsável por liderar os eventos do Scrum e garantir que sejam conduzidos de forma eficiente e produtiva. Durante a Sprint Planning, o Scrum Master ajuda a equipe a definir os objetivos da Sprint e a planejar as atividades a serem realizadas. Durante a Daily Scrum, ele facilita a reunião diária, estimulando a equipe a compartilhar informações e garantindo que todos estejam alinhados em relação aos objetivos da Sprint.

Na Sprint Review, o Scrum Master facilita a demonstração das funcionalidades desenvolvidas durante a Sprint e ajuda a equipe a receber feedback do Product Owner e dos stakeholders. Já na Sprint Retrospective, o Scrum Master lidera a análise do processo e ajuda a equipe a identificar oportunidades de melhoria para a próxima Sprint.

Durante todos esses eventos, o Scrum Master atua como facilitador e líder, garantindo que a equipe esteja alinhada, motivada e focada em atingir os objetivos do projeto.

2.   Remoção de obstáculos e tomada de decisões:

O Scrum Master é responsável por remover obstáculos que possam impedir o progresso do projeto. Isso significa identificar problemas e atuar para resolvê-los, seja por meio da negociação com stakeholders ou pela tomada de decisões rápidas e efetivas.

Por exemplo, se a equipe está com dificuldades para obter um recurso necessário para concluir uma tarefa, o Scrum Master pode negociar com o departamento responsável pela disponibilização desse recurso para garantir que ele seja entregue o mais rápido possível. Ou, se uma decisão precisa ser tomada rapidamente para evitar atrasos no projeto, o Scrum Master pode agir como um mediador e ajudar a equipe a chegar a um consenso.

Essa capacidade de remoção de obstáculos e tomada de decisões é fundamental para o sucesso do projeto, pois permite que a equipe se concentre nas atividades mais importantes e minimize os atrasos e interrupções.

3.   Comunicação efetiva e gestão de conflitos:

O Scrum Master é responsável por garantir que a comunicação entre os membros da equipe e o Product Owner seja clara e efetiva. Isso significa facilitar reuniões e garantir que todos os envolvidos estejam cientes das informações relevantes, além de garantir que as expectativas estejam alinhadas.

Durante o dia a dia com os desenvolvedores, o Scrum Master atua como um elo de comunicação, facilitando a troca de informações, ideias e desafios entre os membros da equipe. Ele promove a transparência ao incentivar a comunicação aberta e honesta, criando um ambiente propício para compartilhar conhecimentos, esclarecer dúvidas e resolver problemas em conjunto.

Além disso, o Scrum Master desempenha um papel fundamental na gestão de conflitos. Conflitos podem surgir em qualquer equipe, seja por diferenças de opiniões, divergências sobre a melhor abordagem ou outras questões. O Scrum Master atua como um mediador imparcial, facilitando a resolução de conflitos de maneira colaborativa. Ele encoraja o diálogo, ouve todas as partes envolvidas, identifica as causas raiz do conflito e ajuda a equipe a encontrar soluções que sejam mutuamente benéficas.

4.   Foco em melhoria contínua e disseminação de boas práticas:

O Scrum Master é um defensor da melhoria contínua. Ele encoraja a equipe a refletir sobre o processo e identificar oportunidades de aprimoramento. Durante as retrospectivas, o Scrum Master facilita a discussão sobre o que funcionou bem, o que pode ser melhorado e quais ações podem ser tomadas para aperfeiçoar o processo.

Além disso, o Scrum Master é responsável por disseminar boas práticas ágeis dentro da equipe e da organização. Ele compartilha conhecimentos, técnicas e ferramentas que podem ajudar a equipe a melhorar sua eficiência e qualidade de entrega. Ele também pode fornecer treinamentos, mentorias e workshops para capacitar os membros da equipe e promover uma cultura ágil mais ampla.

O Scrum Master também atua como um agente de mudança, auxiliando a organização na transição para uma mentalidade ágil. Ele educa os stakeholders sobre os princípios e valores ágeis, promove a colaboração e a flexibilidade, e ajuda a equipe a superar resistências e desafios que possam surgir durante o processo de adoção do Scrum.

Por fim, o verdadeiro poder do Scrum Master está na capacidade de liderar pelo exemplo. Ele deve ser capaz de demonstrar as habilidades e comportamentos que deseja ver na equipe de desenvolvimento. Isso inclui ser um bom comunicador, ser proativo na resolução de problemas, ser um bom ouvinte e estar sempre disposto a ajudar os membros da equipe quando necessário.

Em resumo, o Scrum Master é uma figura essencial no processo de implementação do Scrum. Sem ele, é impossível implementar o Scrum corretamente e alcançar os objetivos desejados. O sucesso do projeto está diretamente ligado à capacidade do Scrum Master de liderar e facilitar a equipe de desenvolvimento, remover impedimentos, treinar e orientar a equipe e promover a melhoria contínua. O verdadeiro poder do Scrum Master está em sua capacidade de liderar pelo exemplo, além de atuar como um agente de transformação, capacitando a equipe e promovendo uma cultura ágil dentro da organização.

5.7. O uso efetivo de ferramentas de comunicação e colaboração no Scrum

O Scrum é uma metodologia ágil que enfatiza a importância da comunicação e colaboração entre as equipes. E para alcançar uma comunicação efetiva, é preciso usar as ferramentas adequadas. É aqui que entra o uso de ferramentas de comunicação e colaboração no Scrum.

Existem muitas ferramentas disponíveis para ajudar as equipes a se comunicarem e colaborarem. Alguns exemplos incluem o Slack, o Trello, o Jira, o Zoom e o Google Meet. Essas ferramentas ajudam as equipes a compartilhar informações, coordenar atividades, realizar reuniões virtuais, além de rastrear e gerenciar o progresso do projeto.

Com o uso de ferramentas de comunicação e colaboração, as equipes podem trabalhar juntas mesmo que estejam fisicamente distantes. Isso significa que as equipes podem ser compostas por membros de diferentes cidades, estados ou países, o que abre possibilidades para contratações mais flexíveis e colaborações em projetos mais complexos.

Além disso, as ferramentas de comunicação e colaboração permitem que as equipes trabalhem de forma mais eficiente e produtiva. Por exemplo, com o uso de uma ferramenta de gerenciamento de projetos, as equipes podem ter uma visão geral das tarefas, prioridades e prazos, facilitando a coordenação do trabalho.

No entanto, é importante lembrar que as ferramentas de comunicação e colaboração são apenas uma parte do processo. Elas não substituem a interação humana e a comunicação face a face. Por isso, é fundamental que as equipes utilizem essas ferramentas de forma complementar à comunicação verbal e visual, que são tão importantes no Scrum.

Além disso, as ferramentas devem ser escolhidas com cuidado e de acordo com as necessidades da equipe e do projeto. Por exemplo, se a equipe trabalha em um ambiente de desenvolvimento de software, o uso de ferramentas de gerenciamento de código, como o GitHub, pode ser essencial para a colaboração efetiva.

Por fim, o uso de ferramentas de comunicação e colaboração no Scrum é uma prática essencial para equipes modernas e remotas, e pode ser um grande aliado para o sucesso do projeto. É importante escolher as ferramentas adequadas e utilizá-las de forma complementar à comunicação humana, além de ter cuidado para não torná-las a única forma de interação entre a equipe.

5.8. Product Owner, o maximizador de valor

O Scrum é uma das metodologias ágeis mais utilizadas no desenvolvimento de projetos complexos. E um dos papéis mais importantes dentro do Scrum é o Product Owner. O Product Owner é o responsável por maximizar o valor do trabalho do time Scrum e garantir que o produto esteja alinhado com as necessidades dos clientes e stakeholders.

O verdadeiro papel do Product Owner é ligado diretamente ao primeiro princípio do Lean Thinking, que é identificar o que é valor para o Cliente. É sua responsabilidade entender as necessidades e desejos dos clientes e stakeholders, e traduzi-los em requisitos e funcionalidades para o produto. Ele deve ter uma visão clara do produto e do mercado, e trabalhar em conjunto com o time Scrum para garantir que a equipe esteja construindo algo que realmente trará valor para o cliente.

O Product Owner deve ser um verdadeiro maximizador de valor. Ele deve priorizar o backlog do produto, decidindo quais funcionalidades devem ser desenvolvidas primeiro e quais são menos importantes. Ele também deve ter a habilidade de ajustar as prioridades de acordo com as mudanças no mercado, no cliente ou em qualquer outra condição que possa afetar o produto.

Outra responsabilidade importante do Product Owner é manter o backlog do produto atualizado e refinar constantemente os requisitos. Ele deve estar em constante contato com os clientes e stakeholders, entendendo as suas necessidades e fornecendo feedback para o time Scrum. Além disso, ele deve trabalhar em conjunto com o time para garantir que as funcionalidades estejam sendo desenvolvidas corretamente e que estejam alinhadas com as expectativas do cliente.

O Product Owner também deve estar presente nas cerimônias do Scrum, como os planejamentos de sprint, as revisões de sprint e as retrospectivas. Ele deve fornecer atualizações sobre o status do projeto e garantir que o time Scrum esteja alinhado com as metas e objetivos do produto. Ele deve ser um verdadeiro líder, motivando e inspirando o time Scrum a trabalhar em conjunto para alcançar o sucesso.

Por fim, é importante destacar que o papel do Product Owner pode ser bastante desafiador. Ele deve estar preparado para lidar com diversos problemas e barreiras que podem surgir no caminho. Um dos principais problemas é quando o Product Owner começa a agir como um gerente hierárquico, impondo suas vontades e decisões sem considerar a opinião do time Scrum. Isso pode causar conflitos e prejudicar o desenvolvimento do produto.

Além disso, o Product Owner também pode enfrentar problemas relacionados à falta de comunicação e colaboração com o time Scrum. Se ele não estiver em constante contato com o time e não fornecer feedbacks constantes, isso pode levar a um desenvolvimento desalinhado com as necessidades do cliente e stakeholders.

Por isso, é importante que o Product Owner entenda bem o seu papel e trabalhe em conjunto com o time Scrum para maximizar o valor do produto e alcançar o sucesso. Ele deve ser um verdadeiro líder, motivando e inspirando o time a trabalhar em conjunto para atingir as metas e objetivos do projeto. Somente assim, o time Scrum poderá desenvolver um produto de qualidade e que atenda às necessidades do cliente e stakeholders.

5.9. Iniciativas para o engajamento do time

O engajamento do time é um fator crucial para o sucesso de qualquer projeto, especialmente em um contexto ágil como o Scrum. Quando as pessoas estão comprometidas e trabalham juntas em busca de um objetivo comum, os resultados são sempre melhores. Neste módulo, vamos explorar algumas iniciativas que podem ser aplicadas para engajar o time, criar uma cultura ágil na empresa e incentivar a colaboração e a união entre os membros das equipes.

1.   Entusiastas do Scrum

Uma das iniciativas mais eficazes que já pude vivenciar foi a criação de um grupo de pessoas que compartilhavam do mesmo entusiasmo referente ao Scrum. Essa iniciativa consiste em reunir pessoas que tenham interesse em discutir os processos e aplicações do framework, além de treinar aqueles que querem se aprimorar no seu papel. Essa iniciativa pode ser organizada e ter como mediador, um Scrum Master ou pelo Agilista da organização. Esse grupo pode se reunir semanalmente para discutir assuntos relacionados ao Scrum e compartilhar experiências.

Esse tipo de iniciativa pode oferecer diversas vantagens, tais como:

- **Compartilhamento de experiências:** Quando pessoas que passaram pelos mesmos desafios e obstáculos se reúnem, há uma troca de experiências valiosas que podem ajudar a equipe a lidar com problemas similares no futuro.

- **Aprendizado constante:** A criação do grupo permite que as pessoas se mantenham atualizadas em relação ao Scrum, por meio de treinamentos e discussões frequentes.

- **Networking:** A possibilidade de se conectar com outras pessoas que compartilham dos mesmos interesses e objetivos pode ser uma ótima oportunidade para expandir a rede de contatos profissionais.

- **Melhoria contínua:** A troca de ideias e aprendizados pode ajudar a equipe a identificar pontos que precisam ser melhorados na aplicação do Scrum, promovendo assim uma melhoria contínua no processo.

Além disso, a iniciativa dos "Entusiastas do Scrum" também pode ajudar a disseminar a cultura ágil dentro da empresa, atraindo cada vez mais pessoas interessadas em adotar essa metodologia de trabalho. Dessa forma, é possível criar um ambiente mais colaborativo e saudável, em que todos trabalham em conjunto para atingir os objetivos em comum.

É importante destacar que, para que essa iniciativa seja realmente eficaz, é preciso que as reuniões sejam bem estruturadas e organizadas, com temas específicos e objetivos claros. Além disso, é fundamental que haja um engajamento de todos os participantes, para que as discussões sejam produtivas e os treinamentos sejam realmente aproveitados.

Por fim, a iniciativa dos "Entusiastas do Scrum" pode ser uma excelente oportunidade para as equipes que estão em processo de adoção do Scrum e buscam se aprimorar constantemente, promovendo uma cultura ágil dentro da empresa e impulsionando o sucesso dos projetos.

2. Grupo de Estudo de Certificação para Product Owner

Outra iniciativa que vivenciei na prática a eficácia é a criação de um grupo de estudo para tirar a certificação de Product Owner. Essa iniciativa tem como objetivo incentivar as pessoas a se desenvolverem no seu papel, além de ser um grupo que debate constantemente de forma positiva a aplicação do framework e sua utilização na prática no dia a dia das equipes. Essa iniciativa pode ser organizada por um Scrum Master, pelo Agilista da organização ou por um grupo de pessoas que estejam interessadas em estudar juntas. Esse grupo pode se reunir semanalmente para discutir assuntos relacionados seu papel no Scrum, podem ler materiais relevantes, discutir casos de uso e realizar simulados para testar seus conhecimentos.

Esse tipo de iniciativa pode oferecer diversas vantagens, tais como:

• **Desenvolvimento Profissional:** Os grupos de estudo oferecem a oportunidade de aprimorar habilidades e conhecimentos específicos relacionados ao papel de Product Owner. Isso permite que os profissionais se tornem mais eficientes em suas funções e tenham um melhor desempenho na gestão do produto. Ao participar de discussões e debates, os membros do grupo podem aprender com as experiências uns dos outros, obtendo insights valiosos e adquirindo conhecimentos práticos sobre a aplicação do Scrum no dia a dia das equipes.

- **Aprendizado Colaborativo:** A criação de um ambiente colaborativo proporciona uma atmosfera de aprendizado motivadora, em que os participantes se apoiam mutuamente, compartilham recursos e trabalham juntos para alcançar um objetivo comum. Os grupos de estudo permitem a troca de ideias, opiniões e experiências, o que amplia a compreensão coletiva e enriquece o aprendizado individual.

- **Material de Estudo e Simulados:** A organização do grupo de estudo geralmente envolve a seleção de materiais de estudo relevantes, como livros, artigos e recursos online. Isso garante que os participantes tenham acesso a materiais de qualidade e atualizados para se prepararem para a certificação de Product Owner. A realização de simulados de certificação ajuda a familiarizar os participantes com o formato das perguntas e a testar seus conhecimentos. Isso permite uma melhor preparação para o exame de certificação, aumentando as chances de sucesso.

- **Networking e Oportunidades Profissionais:** Participar de um grupo de estudo oferece a oportunidade de conhecer outros profissionais que estão interessados em aprimorar suas habilidades como Product Owners. Isso possibilita a criação de contatos e relacionamentos profissionais significativos, abrindo portas para futuras colaborações e oportunidades de carreira.

Em suma, a iniciativa de criar grupos de estudo para tirar a certificação de Product Owner é altamente vantajosa. Ela proporciona um ambiente de aprendizado colaborativo, estimula o desenvolvimento profissional, disponibiliza materiais de estudo relevantes e oferece a oportunidade de ampliar a rede de contatos e buscar novas oportunidades profissionais. Participar desses grupos pode impulsionar a carreira e tornar os profissionais mais eficazes e preparados para enfrentar os desafios do papel de Product Owner.

3.   Teste de conhecimento através do e-mail

Outra dinâmica interessante que tive o prazer de vivenciar é a de enviar por e-mail perguntas de simulado do Scrum, utilizando ferramentas de criação de formulários, para que as pessoas possam participar e testar seu conhecimento em relação à prática do framework. Essa abordagem utiliza recursos práticos e fáceis de produzir, como plataformas de criação de formulários online, o que facilita a elaboração dos testes.

Para realizar essa iniciativa, os testes podem ser disseminados a cada três dias, dando um prazo de dois dias para que as pessoas respondam. É importante ressaltar que a participação deve ser espontânea, ou seja, não deve ser obrigatória. Dessa forma, é recomendado que, após o envio do teste, no dia seguinte seja enviado apenas um lembrete incentivando as pessoas a participarem. Nesse lembrete, pode-se incluir uma mensagem inspiradora, motivando os participantes a se engajarem na realização do teste e destacando a importância do aprimoramento contínuo.

Essa dinâmica é fácil de ser aplicada e não exige um grande tempo de dedicação por parte dos participantes, permitindo que eles respondam às perguntas de forma conveniente em sua rotina. Além disso, essa iniciativa pode ser realizada periodicamente, mantendo o assunto do Scrum vivo na mente das pessoas e incentivando a participação ativa dos membros das equipes.

Esse tipo de iniciativa pode oferecer diversas vantagens, tais como:

- **Engajamento e Participação:** Ao enviar perguntas de simulado do Scrum por e-mail, as equipes são incentivadas a participar ativamente, responder às perguntas e testar seu conhecimento. Isso estimula o engajamento dos membros da equipe e mantém o assunto vivo na mente das pessoas, promovendo uma cultura de aprendizado contínuo.

- **Avaliação do Nível de Conhecimento:** Através das respostas fornecidas pelos participantes, é possível avaliar o nível de conhecimento da equipe sobre a aplicação do Scrum. Essa iniciativa ajuda a identificar lacunas de conhecimento, áreas em que os membros da equipe podem precisar de mais treinamento ou suporte, e pontos que merecem atenção para melhorar a utilização do framework.

- **Identificação de Oportunidades de Melhoria:** Com base nas respostas recebidas, é possível identificar oportunidades de melhoria e aprimoramento na aplicação do Scrum. Os resultados do teste podem revelar áreas específicas que precisam ser aprofundadas ou esclarecidas, fornecendo uma direção clara para futuras ações de capacitação e treinamento.

- **Flexibilidade e Fácil Aplicação:** Essa iniciativa é de fácil implementação, não exigindo muito tempo dos participantes. Pode ser realizada periodicamente, com o envio de perguntas por e-mail em intervalos definidos, adaptando-se à disponibilidade e rotina da equipe. Isso proporciona flexibilidade e permite que as pessoas respondam às perguntas no momento mais conveniente para elas.

- **Estímulo ao Autoestudo:** A prática de responder às perguntas do simulado do Scrum por e-mail incentiva o autoestudo. Os participantes são estimulados a buscar informações, pesquisar e aprofundar seus conhecimentos sobre o framework, a fim de responder corretamente às questões propostas. Isso promove a autonomia e a responsabilidade individual pelo próprio desenvolvimento profissional.

Em resumo, a iniciativa de enviar por e-mail perguntas de simulado do Scrum é uma maneira simples e eficaz de engajar as equipes, avaliar o nível de conhecimento, identificar oportunidades de melhoria e estimular o autoestudo. Essa prática mantém o Scrum presente no dia a dia das pessoas e contribui para aprimorar a aplicação do framework nas equipes, resultando em projetos mais eficientes e bem-sucedidos.

4.   Grupo de encontro de Scrum Masters

A implementação do framework Scrum dentro de uma empresa é um grande desafio, principalmente quando se trata de torná-lo uma cultura dentro da organização. É necessário que os envolvidos no processo estejam engajados e empolgados em aplicar o Scrum, e essa motivação pode ser alcançada através de iniciativas que incentivem a colaboração e união entre as pessoas que atuam como Scrum Masters. Uma dessas iniciativas é a criação de um grupo semanal de encontro de Scrum Masters.

Esse grupo tem como objetivo principal discutir a implementação do framework, as dificuldades e barreiras encontradas dentro dos times, trocar experiências, além de ser um momento para treinamento nas práticas de agilidade e aprimoramento do conhecimento. Esse tipo de iniciativa é fundamental para que os Scrum Masters possam compartilhar seus desafios e encontrar soluções em conjunto, além de fortalecerem o sentimento de união e empoderamento entre os envolvidos.

O grupo de encontro de Scrum Masters pode ter como líder e mentor o Agilista da organização por um Scrum Master mais experiente do grupo, que pode auxiliar nas discussões e trazer novas ideias e técnicas para aprimorar a implementação do Scrum nos times. É importante que o líder dessa iniciativa atue como um facilitador nesse grupo, estimulando a participação de todos e incentivando a troca de conhecimento e experiências.

Essa iniciativa foi outra oportunidade que tive o prazer de vivenciar com grande sucesso. Os encontros proporcionaram um momento rico para troca de conhecimento e discussão de desafios, além de ser uma oportunidade para aprimorar as práticas de agilidade.

Entre as principais vantagens dessa iniciativa, podemos destacar:

- **Discussão da implementação do framework:** O grupo de encontro de Scrum Masters proporciona um espaço dedicado para discutir a implementação do Scrum nas equipes. Os participantes podem compartilhar desafios, trocar experiências e buscar soluções em conjunto. Isso fortalece a aprendizagem e melhora a aplicação do Scrum nos times.

- **Treinamento e aprimoramento:** Os encontros são momentos para treinamento nas práticas ágeis e aprimoramento do conhecimento. Os Scrum Masters têm a oportunidade de se atualizar sobre novas técnicas, ferramentas e abordagens do Scrum. Isso contribui para aprimorar suas habilidades como facilitadores e líderes ágeis.

- **Liderança e mentoria:** O grupo de encontro pode contar com a liderança e mentoria do Agilista da organização ou de um Scrum Master mais experiente. Essa figura atua como facilitador nas discussões, trazendo novas ideias e técnicas para aprimorar a implementação do Scrum nos times. Esse líder ajuda a direcionar o grupo e estimula a participação de todos.

- **Fortalecimento do sentimento de união:** Os encontros promovem um ambiente de união entre os Scrum Masters. Eles se conectam, compartilham desafios e encontram soluções em conjunto. Isso fortalece o sentimento de equipe e empoderamento, fazendo com que os Scrum Masters se sintam mais confiantes e motivados em suas atuações.

- **Agentes de mudança:** Por meio desses encontros, os Scrum Masters se tornam agentes de mudança dentro da empresa. Eles se tornam referências em aplicar o Scrum de forma eficaz, incentivando a adoção do framework e ajudando a disseminar a cultura ágil em toda a organização.

- **Simulados de certificação:** Uma prática adicional que pode ser realizada nos encontros é a aplicação de simulados de certificação. Isso ajuda os Scrum Masters a aprimorar seus conhecimentos e a testar sua compreensão do framework Scrum, atestando os aprendizados adquiridos.

Em resumo, a criação de um grupo de encontro de Scrum Masters é uma iniciativa poderosa e empolgante para fortalecer a cultura ágil dentro da empresa. Além de proporcionar um espaço para discussão, treinamento e aprimoramento contínuo, ela contribui para a formação de Scrum Masters mais engajados e motivados. Para que essa iniciativa seja efetiva, é fundamental o incentivo das lideranças e o comprometimento de todos os participantes em compartilhar conhecimentos e promover a evolução constante da aplicação do Scrum.

Conclusão

Todas essas iniciativas têm em comum o fato de incentivarem o engajamento do time e a criação de uma cultura ágil na empresa. Essas práticas não apenas ajudam as pessoas a se desenvolverem profissionalmente, mas também contribuem para a melhoria dos processos e, consequentemente, dos resultados do projeto. Quando as pessoas estão envolvidas e comprometidas com o trabalho, a motivação e o desempenho aumentam consideravelmente.

É importante ressaltar que o engajamento do time não é uma tarefa fácil e requer esforço e dedicação. É fundamental que a empresa proporcione um ambiente propício ao engajamento, valorize as iniciativas dos colaboradores e promova a colaboração entre as equipes. Além disso, é essencial que as lideranças estejam envolvidas e comprometidas com o processo de engajamento e incentivem as práticas ágeis na empresa.

Em resumo, o engajamento do time é fundamental para o sucesso de uma empresa ágil. Ao aplicar iniciativas que incentivam a colaboração, união e aprimoramento constante do time, é possível criar uma cultura ágil forte e alcançar resultados cada vez mais expressivos.

5.10. O força de construir e tomar decisões como uma equipe

A criação de um grupo de trabalho para atuar em mudanças de processos, implementar novas ações e resolver problemas é uma estratégia extremamente poderosa e importante para o sucesso de qualquer projeto ágil. Esse grupo, no formato de comissões ou comitês, pode ser composto por pessoas dos diversos times, como Product Owners, Scrum Masters e Desenvolvedores, que se reúnem semanal ou quinzenalmente para discutir e melhorar os processos. A participação de todos nesse tipo de ação cria engajamento e um sentimento de que todos estão participando da construção de uma cultura ágil, estão ajudando a rever os processos e removendo barreiras em conjunto.

Quando os times trabalham juntos em grupos como esse, eles se tornam mais engajados e comprometidos com os resultados do projeto. Além disso, a colaboração e a troca de ideias aumentam, o que pode levar a soluções criativas e inovadoras para os problemas. Todos se sentem parte do processo e a responsabilidade de tomar decisões é compartilhada. Isso cria um ambiente em que a confiança é fortalecida, e a sensação de união é reforçada, o que é essencial para o sucesso de qualquer equipe ágil.

Eu tive a oportunidade de vivenciar isso na prática, através de um grupo especificamente criado para esse fim. Esse grupo ajudou a construir um sentimento de união entre os times e a diminuir as resistências e barreiras, mesmo nas decisões mais difíceis. A participação dos membros do grupo foi essencial para a implementação de novos processos, mesmo aqueles que eram considerados muito difíceis. A colaboração e a troca de ideias tornaram-se parte do dia a dia, e o engajamento e a motivação aumentaram em toda a equipe.

Os grupos de trabalho também são uma ótima maneira de compartilhar conhecimentos e experiências entre os membros da equipe. Os desenvolvedores podem compartilhar suas experiências no desenvolvimento de um novo sistema, os Product Owners podem compartilhar suas experiências e desafios na gestão do Product Backlog e os Scrum Masters podem compartilhar suas experiências na implementação do Scrum. Isso pode levar a um melhor entendimento do projeto como um todo e ajudar a garantir que todos estejam na mesma página.

Em resumo, criar grupos de trabalho para atuar em mudanças de processos, implementar novas ações e resolver problemas é uma estratégia essencial para o sucesso de qualquer projeto ágil. Esses grupos ajudam a criar um sentimento de união e colaboração entre os times, aumentando o engajamento e a motivação da equipe. Além disso, eles são uma ótima maneira de compartilhar conhecimentos e experiências entre os membros da equipe. Então, se você quer garantir o sucesso do seu projeto ágil, considere criar grupos de trabalho para colaborar e resolver problemas em conjunto.

5.11. Retrospectiva da Sprint – a virada do jogo

A Retrospectiva da Sprint é um dos eventos mais poderosos no Scrum, pois tem o potencial de transformar um grupo de pessoas em uma equipe de alta performance. Quando todos os membros do time compreendem o verdadeiro propósito da retrospectiva, ocorre uma virada de jogo que impulsiona a busca incessante pela melhoria contínua. Nesse momento, os times passam a discutir abertamente, sem medo e sem qualquer receio, sobre as causas dos problemas enfrentados e como evitar que os desvios voltem a ocorrer. É nesse ponto que a cultura ágil começa a correr pelas veias de todos os membros do time.

A retrospectiva da Sprint não é apenas uma reunião para revisar o que deu certo e o que deu errado no último Sprint. Ela vai além disso, sendo um espaço para a equipe se autoavaliar, aprender com os erros e acertos, e traçar planos de ação para melhorar continuamente. É um momento de reflexão coletiva, onde cada membro tem a oportunidade de contribuir e expressar sua opinião.

Quando os times entendem que a retrospectiva é uma ferramenta poderosa para promover a melhoria contínua, eles se sentem empoderados e responsáveis por impulsionar mudanças positivas. A mentalidade de aprendizado se fortalece, e todos se comprometem em encontrar soluções para os problemas identificados.

Um ponto crucial para incentivar e sustentar sentimento na equipe, é criar um ambiente seguro e acolhedor, onde os membros do time se sintam à vontade para compartilhar suas percepções, ideias e preocupações. O Scrum Master desempenha um papel importante nesse sentido, facilitando a reunião e garantindo que todos sejam ouvidos.

A discussão franca e aberta sobre as causas dos problemas é um dos pontos-chave da retrospectiva. Sem medo de julgamentos ou represálias, os times podem explorar as raízes dos desafios enfrentados, identificar lacunas de conhecimento, falhas de comunicação, obstáculos no processo e quaisquer outros fatores que possam ter impactado negativamente o Sprint.

A partir dessas discussões, os times podem buscar soluções e traçar ações concretas para evitar que os mesmos desvios ocorram novamente. Essas ações são definidas de forma colaborativa, envolvendo todos os membros do time, e são fundamentais para impulsionar a melhoria contínua. Cada ação é planejada com responsáveis designados e prazos estabelecidos, não deixando nenhuma ponta solta.

Neste ponto, é possível identificar os times passam a adotar uma postura proativa diante dos desafios. Eles não apenas identificam os problemas, mas também se comprometem a agir para resolvê-los. A busca incansável pela melhoria contínua se torna uma prioridade, e a equipe se dedica a implementar as mudanças necessárias.

Outra mudança significativa que é observada, é que quando os times passam a se envolverem mais profundamente na retrospectiva da Sprint, a cultura ágil começa a se fortalecer. Os valores ágeis, como transparência, colaboração, coragem e comprometimento, passam a ser vivenciados de forma mais intensa. A mentalidade de aprendizado contínuo se estabelece, e os membros do time se tornam mais abertos a experimentar, inovar e buscar soluções criativas para os desafios que surgem.

A cultura ágil começa a permear todas as atividades do time, não se limitando apenas à retrospectiva da Sprint. Os princípios ágeis são adotados nas reuniões diárias, na elaboração e priorização do backlog, na execução das tarefas e na interação com os stakeholders. A mentalidade de melhoria contínua se torna uma parte intrínseca do DNA do time.

Além disso, a retrospectiva da Sprint também fortalece a confiança e a comunicação entre os membros do time. Quando as discussões são conduzidas de forma respeitosa e construtiva, as relações interpessoais se aprofundam e os conflitos são abordados de maneira saudável. Os membros do time aprendem a confiar uns nos outros e a se apoiar mutuamente na busca pela excelência.

Outro benefício que fica evidente, é que a retrospectiva da Sprint começa a contribuir para que passem a identificar padrões e tendências ao longo dos Sprints. Eles passam observar as melhorias implementadas, avaliar sua eficácia e ajustar as abordagens de acordo. Essa análise sistemática dos resultados e das ações tomadas ajuda a equipe a progredir de forma consistente e a evoluir ao longo do tempo.

Em resumo, a retrospectiva da Sprint é uma ferramenta poderosa que pode transformar os times em equipes de alta performance. Quando os membros do time compreendem o verdadeiro propósito desse evento, ocorre uma mudança de mentalidade em direção à busca incansável pela melhoria contínua. A discussão aberta e sem medo dos problemas, aliada à definição de ações concretas, impulsiona a cultura ágil dentro do time. É nesse momento que a virada do jogo acontece, e os resultados positivos começam a se manifestar de forma tangível.

5.12. Métricas e Indicadores como fator de sucesso

Métricas e indicadores desempenham um papel fundamental no acompanhamento e sucesso de projetos. Assim como uma bússola guia o caminho em direção a uma meta, as métricas e indicadores fornecem orientação e insights essenciais para alcançar os objetivos da sprint e do produto. Negligenciar o uso adequado de métricas e indicadores pode prejudicar seriamente o progresso e o desempenho do projeto.

As métricas e indicadores oferecem uma visão objetiva e quantificável do trabalho em andamento. Eles permitem que os times obtenham informações precisas sobre o desempenho, a qualidade, o progresso e a eficácia das atividades realizadas. Essas informações são essenciais para tomar decisões informadas, identificar problemas e gargalos, e orientar as ações necessárias para melhorar o trabalho em curso.

Ao analisar as métricas e indicadores do passado, os times podem identificar padrões, tendências e áreas de melhoria. A análise retrospectiva do desempenho passado oferece uma oportunidade valiosa para aprender com os erros e sucessos, e ajustar as abordagens futuras de forma mais eficiente. Através dessa análise, os times podem identificar problemas recorrentes, ajustar estratégias, implementar melhores práticas e evitar erros já cometidos.

Além disso, as métricas e indicadores fornecem uma base sólida para a tomada de decisões estratégicas. Ao ter dados concretos em mãos, os líderes e stakeholders do projeto podem tomar decisões embasadas, alinhadas aos objetivos e necessidades da organização. Isso evita a tomada de decisões baseada apenas em intuição ou suposições, reduzindo os riscos e aumentando as chances de sucesso.

Outro benefício importante das métricas e indicadores é a capacidade de avaliar o progresso em relação às metas estabelecidas. Eles permitem que os times monitorem o alcance de marcos e objetivos, e acompanhem o ritmo de trabalho em relação ao cronograma planejado. Isso possibilita uma melhor gestão do tempo e dos recursos, permitindo ajustes e intervenções antes que seja tarde demais.

A utilização adequada de métricas e indicadores também promove a transparência e a comunicação efetiva entre os membros do time e com os stakeholders. Ao compartilhar dados e informações relevantes, todos têm uma compreensão clara do status do projeto, do progresso alcançado e das áreas que precisam de atenção. Isso facilita a colaboração, a tomada de decisões conjuntas e o alinhamento de expectativas.

Por fim, é importante lembrar que "o que não se mede, não se controla". As métricas e indicadores fornecem uma base tangível para o controle do projeto, permitindo que os times acompanhem de perto o desempenho e façam ajustes quando necessário. Sem essas medidas de controle, é difícil avaliar o sucesso do projeto, identificar desvios e tomar ações corretivas apropriadas.

6. Escalando o Scrum com sucesso

6.1. Definição da metodologia, suas vantagens e desafios.

O Scrum Escalado é uma abordagem para aplicar o framework Scrum em grandes organizações, onde há várias equipes trabalhando em projetos complexos que exigem coordenação e colaboração entre elas. Com o Scrum Escalado, as equipes podem trabalhar juntas para alcançar metas comuns e atender às necessidades dos clientes de maneira mais eficiente e eficaz.

O Scrum Escalado geralmente é implementado em organizações que já utilizam o Scrum em suas equipes de desenvolvimento de produto e desejam estender o uso dessa metodologia em toda a empresa. Existem várias abordagens diferentes para o Scrum Escalado, incluindo o Large-Scale Scrum (LeSS), o Scaled Agile Framework (SAFe), Scrum@Scale e o Nexus.

Vantagens em escalar o Scrum:

1. **Aumento da eficiência e produtividade:** Ao escalar o Scrum, as equipes podem trabalhar juntas para compartilhar recursos, conhecimentos e experiências. Isso pode levar a um aumento na eficiência e produtividade, pois as equipes podem aprender umas com as outras e evitar duplicação de esforços.

2. **Alinhamento estratégico:** Com o Scrum Escalado, as equipes podem trabalhar em conjunto para atender aos objetivos estratégicos da empresa. Isso permite que a empresa alinhe seus esforços de desenvolvimento de software com suas metas de negócios e ofereça soluções que atendam às necessidades dos clientes de maneira mais eficiente e eficaz.

3. **Maior capacidade de inovação:** Ao trabalhar em conjunto em projetos complexos, as equipes podem explorar novas ideias e soluções de maneira mais eficaz. Isso pode levar a um aumento na capacidade de inovação da empresa e permitir que ela desenvolva produtos e serviços que atendam às necessidades dos clientes de maneira mais eficiente.

4. Melhoria na qualidade do produto: Ao escalar o Scrum, as equipes podem trabalhar juntas para identificar e corrigir problemas de qualidade em todo o processo de desenvolvimento. Isso pode levar a uma melhoria na qualidade do produto final e na satisfação do cliente.

5. Melhoria na comunicação e colaboração: O Scrum Escalado exige uma comunicação e colaboração intensas entre as equipes, o que pode levar a um aumento na confiança e na compreensão mútua. Isso pode reduzir o tempo de resposta e aumentar a eficácia da equipe em responder a mudanças no projeto.

Desafios em escalar o Scrum:

1. Dificuldade em coordenar equipes distribuídas geograficamente: Ao escalar o Scrum, pode ser desafiador coordenar equipes que trabalham em locais diferentes. Isso pode afetar a comunicação e a colaboração entre as equipes e afetar negativamente a eficácia do projeto.

2. Necessidade de adaptar a abordagem Scrum: Ao escalar o Scrum, pode ser necessário adaptar a abordagem para acomodar as necessidades específicas da empresa. Isso pode levar a uma perda de consistência na implementação do Scrum em toda a empresa.

3. Dificuldades na definição e gestão de papéis: Com o Scrum Escalado, pode ser desafiador definir e gerenciar papéis, responsabilidades e autoridade em toda a empresa. Isso pode levar a confusão e falta de clareza, o que pode prejudicar o desempenho do projeto.

4. Dificuldades em manter a transparência: Com várias equipes trabalhando juntas em projetos complexos, pode ser desafiador manter a transparência em todo o processo de desenvolvimento. Isso pode levar a atrasos e conflitos que afetam negativamente o projeto.

5. **Conflitos culturais:** O Scrum Escalado pode enfrentar desafios de conflitos culturais entre as equipes. Isso pode ser causado por diferenças nas práticas de desenvolvimento, estilos de trabalho ou valores culturais, o que pode afetar negativamente a colaboração e comunicação entre as equipes.

Medição do sucesso no Scrum Escalado:

1. **Entrega de valor ao cliente:** O sucesso do Scrum Escalado pode ser medido pela capacidade da empresa de entregar valor ao cliente de maneira mais eficiente e eficaz. Isso pode ser medido por meio de feedback dos clientes e métricas de satisfação do cliente.

2. **Produtividade e eficiência:** A produtividade e a eficiência das equipes podem ser medidas por meio de métricas como velocidade, pontos de história concluídos, tempo de ciclo e qualidade do produto. Isso pode fornecer insights sobre a eficácia da implementação do Scrum Escalado na empresa.

3. **Alinhamento estratégico:** O sucesso do Scrum Escalado pode ser medido pela capacidade da empresa de alinhar seus esforços de desenvolvimento de software com suas metas de negócios. Isso pode ser medido por meio de métricas de sucesso do projeto e métricas financeiras, como ROI e lucro.

4. **Colaboração e comunicação:** A colaboração e comunicação entre as equipes podem ser medidas por meio de feedback das equipes e métricas de satisfação do funcionário. Isso pode fornecer insights sobre a eficácia da implementação do Scrum Escalado na melhoria da colaboração e comunicação entre as equipes.

5. **Adaptabilidade e flexibilidade:** A adaptabilidade e flexibilidade da empresa em lidar com mudanças no projeto podem ser medidas por meio de métricas como a frequência de mudanças no escopo do projeto e a capacidade da equipe de lidar com essas mudanças de maneira eficiente e eficaz.

Em resumo, o Scrum Escalado pode fornecer muitas vantagens para grandes organizações que desejam aplicar o Scrum em toda a empresa. No entanto, também pode apresentar desafios significativos, como a necessidade de adaptação da abordagem Scrum e a coordenação de equipes distribuídas geograficamente. Para medir o sucesso do Scrum Escalado, as empresas podem medir métricas como entrega de valor ao cliente, produtividade e eficiência, alinhamento estratégico, colaboração e comunicação, adaptabilidade e flexibilidade.

6.2. Principais metodologias para escalar o Scrum

O Scrum é amplamente utilizado por equipes de desenvolvimento para aumentar a produtividade, melhorar a qualidade e aumentar a satisfação do cliente. No entanto, quando se trata de projetos maiores, é necessário escalar o Scrum para garantir que as equipes trabalhem de forma coordenada e eficiente. Para isso, existem várias metodologias disponíveis, incluindo Large-Scale Scrum (LeSS), o Scaled Agile Framework (SAFe), Scrum@Scale e o Nexus. Cada uma dessas metodologias possui sua própria abordagem para a escala do Scrum e é importante entender as diferenças entre elas para determinar qual é a melhor para a sua organização.

Vamos apresentar de forma resumida, funcionamento, vantagens e os desafios na implementação de cada uma delas em detalhes:

SAFe (Scaled Agile Framework)

O SAFe é uma das metodologias mais conhecidas para escalonamento do Scrum. Foi criado em 2011 por Dean Leffingwell e se concentra em fornecer um quadro escalável para o desenvolvimento ágil de software em grandes organizações.

1. **Como funciona:** O SAFe é baseado em três níveis hierárquicos: portfólio, programa e equipe. Cada nível tem seus próprios papéis, cerimônias e artefatos. O nível de portfólio é responsável por definir a visão, estratégia e investimento de longo prazo da organização. O nível de programa gerencia os projetos individuais que contribuem

para a visão de portfólio. O nível de equipe executa o trabalho em sprints e entrega incrementos de valor para o cliente.

2.   Vantagens: O SAFe tem como vantagem a sua abordagem integrada para gerenciar portfólios, programas e equipes. Ele também enfatiza a colaboração entre equipes, a comunicação transparente e a integração contínua. Além disso, o SAFe é uma metodologia bem estabelecida e bem documentada, com uma comunidade de usuários e treinadores experientes em todo o mundo.

3.   Desafios: A implementação do SAFe pode ser desafiadora, pois exige mudanças culturais e organizacionais significativas em uma grande organização. Além disso, a metodologia é complexa e pode levar tempo para as equipes se ajustarem. Alguns críticos também argumentam que o SAFe pode sacrificar a flexibilidade e a agilidade em prol da padronização e da hierarquia.

LeSS (Large-Scale Scrum)

O LeSS é outra metodologia popular para escalonamento do Scrum, criada por Craig Larman e Bas Vodde em 2005. Ele se concentra em fornecer uma estrutura para trabalhar com múltiplas equipes em um único produto.

1.   Como funciona: O LeSS fornece uma estrutura para várias equipes trabalharem juntas em um único produto. Ele usa o Scrum como base e adiciona alguns elementos adicionais, como uma equipe de integração para gerenciar a colaboração entre equipes e um Product Owner para gerenciar o backlog do produto.

2.   Vantagens: O LeSS tem como vantagem a sua simplicidade e foco em uma abordagem de "uma equipe" para o Scrum. Ele também enfatiza a comunicação eficaz e a colaboração entre equipes. Além disso, o LeSS é uma metodologia flexível, permitindo que as equipes se adaptem às suas necessidades específicas.

3.   Desafios: A implementação do LeSS pode ser desafiadora, pois exige uma mudança cultural significativa e uma mentalidade de "pensar grande, agir pequeno". Além disso, a colaboração entre equipes pode ser difícil de gerenciar, especialmente quando as equipes estão localizadas em diferentes locais geográficos.

Nexus

O Nexus é uma metodologia de escalonamento do Scrum criada pela Scrum.org em 2015. Ele se concentra em fornecer uma estrutura para múltiplas equipes trabalharem em um único produto.

1. **Como funciona:** O Nexus é baseado no Scrum e adiciona algumas práticas adicionais para trabalhar com várias equipes em um único produto. Ele introduz uma equipe Nexus para gerenciar a colaboração entre equipes, um Product Owner Nexus para gerenciar o backlog do produto e uma integração contínua para garantir que o produto esteja sempre funcionando.

2. **Vantagens:** O Nexus tem como vantagem a sua simplicidade e foco no Scrum como base. Ele enfatiza a colaboração entre equipes, a integração contínua e a entrega de valor ao cliente. Além disso, o Nexus é uma metodologia flexível, permitindo que as equipes se adaptem às suas necessidades específicas.

3. **Desafios:** A implementação do Nexus pode ser desafiadora, pois exige uma mudança cultural significativa e uma mentalidade de "pensar grande, agir pequeno". Além disso, a colaboração entre equipes pode ser difícil de gerenciar, especialmente quando as equipes estão localizadas em diferentes locais geográficos.

Scrum@Scale

O Scrum@Scale é uma metodologia de escalonamento do Scrum criada por Jeff Sutherland, um dos criadores originais do Scrum, em 2014. Ele se concentra em fornecer uma estrutura para múltiplas equipes trabalharem em vários produtos.

1.   **Como funciona:** O Scrum@Scale é baseado no Scrum e fornece uma estrutura para trabalhar com várias equipes em vários produtos. Ele usa uma abordagem em cascata para a entrega de produtos e enfatiza a colaboração entre equipes, a integração contínua e a entrega contínua de valor ao cliente.

2.   **Vantagens:** O Scrum@Scale tem como vantagem a sua simplicidade e foco no Scrum como base. Ele também enfatiza a colaboração entre equipes, a integração contínua e a entrega contínua de valor ao cliente. Além disso, o Scrum@Scale é uma metodologia flexível, permitindo que as equipes se adaptem às suas necessidades específicas.

3.   **Desafios:** A implementação do Scrum@Scale pode ser desafiadora, pois exige uma mudança cultural significativa e uma mentalidade de "pensar grande, agir pequeno". Além disso, a colaboração entre equipes pode ser difícil de gerenciar, especialmente quando as equipes estão localizadas em diferentes locais geográficos.

Em resumo, a escolha da metodologia de escalonamento do Scrum depende das necessidades específicas da organização e do projeto em questão. Todas as metodologias apresentadas aqui têm suas próprias vantagens e desafios na implementação. É importante lembrar que a implementação de qualquer metodologia de escalonamento do Scrum exige uma mudança cultural significativa

6.3.   Scrum escalado - O que deve ser considerado

O Scrum é um framework ágil de gerenciamento de projetos que tem se mostrado muito eficiente em empresas de diversos segmentos e tamanhos. A metodologia Scrum permite que as equipes trabalhem de forma autônoma, com entregas rápidas e frequentes, com foco na colaboração e na entrega de valor para o cliente. Com o sucesso do Scrum em equipes menores, muitas empresas estão buscando escalar o Scrum para permitir que várias equipes trabalhem juntas em projetos maiores e mais complexos.

No entanto, a escalabilidade do Scrum não é simples e envolve muitos fatores a serem considerados para garantir o sucesso da metodologia em um ambiente de várias equipes. É necessário considerar a complexidade do produto, os objetivos de negócios, a comunicação e coordenação entre as equipes, a liderança e cultura da empresa, as ferramentas e tecnologias utilizadas pelas equipes e a estrutura organizacional da empresa. Todos esses fatores devem ser cuidadosamente avaliados antes de escalar o Scrum para garantir que a metodologia continue eficaz e eficiente em um ambiente de várias equipes.

Portanto, a escalabilidade do Scrum é um tema importante e relevante para as empresas que buscam expandir sua metodologia ágil de gerenciamento de projetos para atender às necessidades de projetos maiores e mais complexos. Neste contexto, é essencial entender todos os fatores a serem considerados antes de escalar o Scrum para garantir o sucesso da metodologia em um ambiente de várias equipes.

Antes de escalar times Scrum, é importante considerar vários fatores para garantir que a escalabilidade seja bem-sucedida e atinja os objetivos da empresa. Aqui estão alguns dos principais tópicos que devem ser considerados antes de escalar times Scrum:

1.   **Tamanho do projeto:** O tamanho do projeto é um dos fatores mais importantes a serem considerados antes de escalar times Scrum. Se o projeto é grande o suficiente para justificar a utilização de vários times, pode ser necessário escalar o Scrum. É importante ter em mente que escalar o Scrum não é a solução para todos os projetos, mas sim uma opção a ser considerada para projetos maiores e mais complexos.

6.   **Número de membros da equipe:** Outro fator importante a ser considerado é o número de membros da equipe. Se a equipe Scrum tem muitos membros (por exemplo, mais de dez), pode ser necessário considerar a criação de equipes menores e, portanto, a escalabilidade. É importante lembrar que uma equipe Scrum eficaz deve ter de 5 a 9 membros, portanto, é essencial garantir que as equipes sejam formadas com base nesse número ideal para maximizar a eficácia do Scrum.

7. **Objetivos de negócios:** Os objetivos de negócios também são um fator importante a ser considerado antes de escalar times Scrum. Se os objetivos de negócios exigem que a empresa alcance resultados em várias frentes ao mesmo tempo, pode ser necessário escalar o Scrum para permitir que os times trabalhem de forma autônoma, mas coordenada. A escalabilidade pode permitir que a empresa alcance seus objetivos de negócios mais rapidamente, mas é importante garantir que os objetivos sejam claramente definidos e que haja um plano bem elaborado para alcançá-los.

8. **Complexidade do produto:** A complexidade do produto também é um fator importante a ser considerado antes de escalar times Scrum. Se o produto é complexo e exige a colaboração de várias equipes para ser desenvolvido, pode ser necessário escalar o Scrum para garantir uma entrega coordenada e coesa. A complexidade do produto pode afetar a eficácia do Scrum em uma equipe menor, e a escalabilidade pode permitir que a empresa atenda às necessidades do produto com mais eficiência.

9. **Comunicação e Coordenação:** A comunicação e coordenação entre as equipes é um fator crítico para o sucesso da escalabilidade. É importante garantir que haja uma comunicação clara entre as equipes e que elas trabalhem de forma coordenada para evitar a sobreposição de esforços e garantir que o produto seja entregue no prazo e dentro do orçamento.

10. **Liderança e Cultura:** A liderança e a cultura da empresa também são fatores críticos para o sucesso da escalabilidade. A liderança deve estar comprometida com a escalabilidade do Scrum e garantir que os objetivos de negócios sejam claramente definidos e comunicados a todas as equipes. A cultura da empresa deve ser focada na colaboração, comunicação e aprendizado contínuo para garantir que as equipes trabalhem de forma eficaz juntas.

11. **Ferramentas e Tecnologia:** As ferramentas e tecnologias utilizadas pelas equipes também devem ser consideradas antes de escalar times Scrum. É importante garantir que as ferramentas utilizadas pelas equipes sejam capazes de suportar a escalabilidade do

Scrum e permitir a colaboração entre as equipes. Isso pode incluir ferramentas de gerenciamento de projetos, comunicação e colaboração, bem como tecnologias para automatizar processos e aumentar a eficiência.

12.   Estrutura organizacional: A estrutura organizacional da empresa também pode afetar a escalabilidade do Scrum. É importante garantir que a estrutura organizacional suporte a escalabilidade do Scrum, permitindo que as equipes trabalhem de forma autônoma, mas coordenada. Isso pode envolver a criação de novos cargos, como Scrum Masters ou Gerentes de Programa, para coordenar as equipes e garantir a entrega coordenada do produto.

Em resumo, antes de escalar times Scrum, é importante considerar vários fatores, incluindo o tamanho do projeto, o número de membros da equipe, os objetivos de negócios, a complexidade do produto, a comunicação e coordenação entre as equipes, a liderança e cultura da empresa, as ferramentas e tecnologias utilizadas pelas equipes e a estrutura organizacional da empresa. Ao considerar esses fatores, as empresas podem garantir que a escalabilidade do Scrum seja bem-sucedida e atinja seus objetivos de negócios.

6.4.   Como escalar sem um metodologia específica e obter sucesso

A escalabilidade do Scrum é uma preocupação crescente em organizações que buscam agilidade e eficiência em suas operações. Embora existam várias metodologias disponíveis para a escala do Scrum, é possível criar uma abordagem híbrida para atender às necessidades específicas de uma organização. Essa abordagem híbrida pode ser uma maneira eficaz de obter o melhor de cada metodologia disponível e adaptá-la à realidade da empresa.

No entanto, é importante destacar que a criação de uma abordagem híbrida exige um profundo conhecimento em gestão ágil de projetos. É essencial que o profissional responsável por liderar a equipe de desenvolvimento e a escalabilidade do Scrum tenha uma vasta experiência com times ágeis e esteja seguro sobre o caminho a seguir. É importante saber quais são as deficiências que precisam ser corrigidas com o Scrum escalado e onde se quer chegar.

1.   Planejamento da Sprint Escalado

Escalar o Scrum requer a coordenação de vários times e a comunicação efetiva entre os diversos envolvidos em todos os níveis da organização. Um dos eventos fundamentais do Scrum é o Planejamento da Sprint, e para escalá-lo, é necessário dedicar um dia inteiro dividido em três etapas:

1ª Etapa - Planejamento da Sprint 01:

A primeira etapa do Planejamento da Sprint é essencial para garantir que a Sprint esteja alinhada com os objetivos estratégicos da organização e que os itens do Product Backlog que entrarão na Sprint sejam os de maior valor para a empresa. O evento deve ser realizado no início do dia, com um timebox de duas horas, para garantir que haja tempo suficiente para as discussões necessárias.

O evento começa com a participação da alta gestão da organização, dos Product Owners que atuam em nível escalado e dos profissionais que atuam como Agile Coach. Os Product Owners devem apresentar os itens do Product Backlog que foram selecionados para entrar na Sprint e esclarecer o valor estratégico de cada item.

Durante essa apresentação, a alta gestão deve avaliar se os itens selecionados estão alinhados com os objetivos estratégicos da organização e se são os mais importantes para serem trabalhados naquele momento. Caso seja necessário, a alta gestão pode pedir mais informações sobre um item específico ou sugerir ajustes no Product Backlog.

Com base nas discussões, os Product Owners e a alta gestão devem chegar a um consenso sobre quais itens do Product Backlog entrarão na Sprint e qual a ordem de prioridade desses itens. É importante lembrar que os itens do Product Backlog podem ser ajustados durante a Sprint, caso haja necessidade, mas a seleção inicial deve ser cuidadosamente avaliada para garantir que a Sprint seja direcionada aos objetivos estratégicos da organização.

2ª Etapa - Planejamento da Sprint 02:

A etapa 2 do Planejamento da Sprint é um evento importante para a escalabilidade do Scrum. Seu principal propósito é para que os Product Owners que atuam em nível escalado possam apresentar e esclarecer todas as dúvidas para os Product Owners de cada equipe, quanto ao Product Backlog que foi discutido e alinhado com a alta gestão durante a etapa 1.

Essa etapa deve ocorrer logo após a primeira etapa, com um timebox de 2 horas. A presença dos Product Owners Escalados é fundamental, já que eles são os responsáveis por alinhar as necessidades do negócio com a equipe de desenvolvimento.

Nesse evento, os Product Owners de cada equipe também devem estar presentes, juntamente com o Scrum Master de cada time, para que possam interagir e sincronizar as informações, mapeando as interdependências entre os diversos projetos e times. Dessa forma, é possível evitar gargalos e impedimentos durante a Sprint.

Durante a etapa 2, é importante que haja uma troca de informações clara e precisa, a fim de que todas as equipes estejam cientes do que foi acordado na etapa 1 e possam contribuir com insights e sugestões. Isso permitirá que os Product Owners possam se concentrar em ordenar e priorizar o Product Backlog, definindo as histórias de usuário que farão parte da Sprint.

O Scrum Master deve atuar como um facilitador, ajudando os Product Owners a esclarecerem as dúvidas dos membros da equipe, e também garantindo que o tempo da reunião seja respeitado. Ao final da etapa 2, cada equipe deve ter um entendimento claro do que precisa ser feito na Sprint, e o Product Backlog estará ordenado e refinado para a próxima etapa.

3ª Etapa - Planejamento da Sprint 03:

A terceira etapa do Planejamento da Sprint é crucial para o sucesso da equipe e deve ser realizada logo após a etapa 2, com um timebox de 4 horas. O principal objetivo dessa etapa é permitir que cada Product Owner leve para sua equipe o Product Backlog ordenado e refinado com os itens de maior valor, de acordo com o que foi discutido e alinhado nas etapas anteriores.

Nesta etapa, os Product Owners trabalham em conjunto com suas respectivas equipes para planejar o Backlog da Sprint e criar a Meta da Sprint. A equipe realiza uma revisão dos itens selecionados, avaliando a complexidade, o esforço necessário e a capacidade da equipe para realizá-los. Os membros da equipe também podem sugerir novos itens para o Product Backlog, desde que sejam relevantes para a Meta da Sprint.

Com base no trabalho realizado na etapa anterior, o Product Owner pode atualizar o Product Backlog e ajustar as prioridades dos itens, se necessário. A equipe então divide o trabalho em tarefas menores e define as estimativas de esforço para cada uma delas. Esse processo ajuda a equipe a entender melhor as necessidades da Sprint e a se preparar para realizar as tarefas de forma mais eficiente.

Ao final da etapa 3, a equipe deve ter definido um plano detalhado de como realizará o trabalho durante a Sprint e qual será a Meta da Sprint. Com isso, ela estará pronta para começar a trabalhar e enfrentar os desafios que surgirão ao longo do caminho.

Em resumo, o rito para escalar o Scrum envolve três etapas principais para o Planejamento da Sprint, com a participação de Product Owners, Scrum Masters e a alta gestão. Essas etapas permitem alinhar as prioridades estratégicas da empresa com as atividades realizadas pelas equipes, garantir a sincronização e colaboração entre os diversos projetos e times, e definir e planejar o trabalho que será realizado durante a Sprint. A escalabilidade do Scrum pode ajudar as empresas a adotar uma abordagem ágil mais ampla, garantindo a entrega contínua de valor ao cliente e a melhoria contínua do processo.

Em conclusão, o Planejamento da Sprint é um evento fundamental dentro do framework Scrum para garantir que a equipe possa trabalhar de forma eficiente e focada, maximizando o valor entregue ao cliente. As três etapas do Planejamento da Sprint descritas acima são cruciais para garantir que o time possa atingir seus objetivos estratégicos, sincronizar as informações entre projetos e times, e definir o backlog de trabalho para a Sprint com itens de maior valor. É importante destacar que a participação de todos os envolvidos é fundamental para o sucesso desses eventos. A alta gestão, os Product Owners escalados, os Product Owners de cada time, os Scrum Masters e os Agile Coaches desempenham papéis cruciais em cada etapa do Planejamento da Sprint para garantir que a equipe possa trabalhar de forma colaborativa e eficiente. Ao seguir essas etapas e envolver todos os participantes, é possível maximizar a eficiência do time e entregar valor ao cliente de forma consistente e eficiente.

2.   Reunião Diária Escalado

1ª Etapa - Reunião Diária 01:

A Reunião Diária 01 é uma prática diária que faz parte do framework Scrum, e tem como objetivo inspecionar o progresso do time rumo ao Sprint Goal e adaptar o Sprint Backlog, caso necessário. É um evento de 15 minutos que ocorre diariamente e é liderado pelo Scrum Master do time.

Início: O Scrum Master inicia a reunião, geralmente em pé, para encorajar um ambiente dinâmico e energético. Ele pode fazer uma breve introdução, lembrando do propósito da reunião e das regras básicas.

Participantes: O Scrum Master verifica se todos os membros do time estão presentes e convida aqueles que não são membros a deixarem a reunião. A reunião é exclusiva para o time e deve ser mantida assim.

Progresso desde a última reunião: Cada membro do time compartilha o que foi realizado desde a última Reunião Diária e se houve algum problema ou impedimento. O objetivo é ter uma visão geral do progresso do time e identificar qualquer problema ou atraso que possa afetar o Sprint Goal.

Planejamento para o dia: Em seguida, o time discute o que será realizado durante o dia e quais atividades serão priorizadas. O Scrum Master pode ajudar o time a manter o foco e a priorizar o trabalho com base na meta da sprint.

Impedimentos: O Scrum Master questiona se há algum impedimento ou problema que esteja impedindo o time de progredir. Os impedimentos são registrados em um quadro ou em uma ferramenta de gerenciamento de projetos para que possam ser tratados após a reunião.

Encerramento: O Scrum Master encerra a reunião após 15 minutos, independentemente de terem sido discutidos todos os tópicos ou não. Ele pode aproveitar a oportunidade para lembrar ao time de outras atividades importantes, como a revisão da sprint ou a retrospectiva.

A Reunião Diária 01 é uma oportunidade para que o time se sincronize, discuta o progresso e identifique problemas. Ao ter uma visão clara do que foi realizado e do que precisa ser feito, o time pode adaptar o Sprint Backlog conforme necessário para alcançar o Sprint Goal. A participação ativa de todos os membros do time é crucial para o sucesso dessa reunião.

2ª Etapa - Reunião Diária 02:

A Reunião Diária 02 é um evento diário que tem como propósito principal subir os impedimentos que foram relatados dentro dos times durante a Reunião Diária 01 e que precisam de atenção de um nível hierárquico mais alta na corporação, além de alinhar os objetivos que possuem interdependência entre os times. Nesta etapa, é feita uma reunião por Tribos, com a participação dos Scrum Masters de cada Squad que fazem parte de uma única área.

Preparação: Antes do início da reunião, os Scrum Masters de cada Squad se preparam para apresentar o progresso de suas equipes e para levantar os impedimentos que precisam ser resolvidos. Eles também se preparam para discutir os objetivos que possuem interdependência entre os times.

Apresentação dos Scrum Masters: Quando a reunião começa, o Scrum Master de cada Squad apresenta o progresso da equipe em relação ao Sprint Goal e ao Sprint Backlog. Eles também compartilham quaisquer impedimentos que surgiram durante o trabalho e discutem como lidar com esses problemas.

Levantamento de impedimentos: Após a apresentação dos Scrum Masters, é hora de levantar quaisquer impedimentos que precisam ser resolvidos. Isso inclui questões técnicas, problemas de comunicação ou qualquer outro obstáculo que esteja impedindo o progresso da equipe. Os Scrum Masters discutem possíveis soluções para esses impedimentos.

Discussão de objetivos interdependentes: Depois de levantar os impedimentos, os Scrum Masters discutem os objetivos que possuem interdependência entre os times. Eles compartilham o progresso em relação a esses objetivos e discutem como podem trabalhar juntos para alcançá-los.

Eleição do Scrum Master da Tribo: Ao final da reunião, é eleito um Scrum Master por Tribo para subir para a próxima reunião como representante. Essa pessoa será responsável por compartilhar as informações discutidas durante a Reunião Diária 02 com a próxima camada de gerenciamento na corporação e garantir que os impedimentos levantados sejam resolvidos.

A Reunião Diária 02 é uma etapa importante para alinhar objetivos que possuem interdependência entre as Tribos e subir impedimentos que precisam de atenção da alta gestão da corporação. Nessa reunião, cada Tribo é representada por seu Scrum Master e são discutidos impedimentos que afetam mais de uma Tribo, promovendo a colaboração e o trabalho em equipe. Ao final da reunião, é eleito um Scrum Master para representar todas as Tribos na Reunião Diária 03, garantindo a continuidade do processo de comunicação e tomada de decisão de forma ágil e eficiente.

3ª Etapa - Reunião Diária 03:

A terceira etapa das reuniões diárias é realizada logo após a Reunião Diária 02, com um timebox de 15 minutos. Nessa etapa, o objetivo é subir os impedimentos que foram relatados dentro das Tribos (dentro da mesma área) das reuniões anteriores e que precisam de atenção de um nível hierárquico mais alto na corporação, além de alinhar os objetivos que possuem interdependência entre as Tribos.

Preparação: Antes de começar a reunião, é importante que o Scrum Master responsável por liderar o encontro se certifique de que todas as pessoas envolvidas estejam presentes e preparadas para participar. Ele pode, por exemplo, enviar um lembrete antecipado para que todos se lembrem de comparecer.

Identificação dos participantes: Assim que a reunião começar, é importante que o Scrum Master apresente todos os participantes que estão presentes naquele momento. Dessa forma, todos sabem quem está envolvido na discussão e podem direcionar suas perguntas ou comentários para as pessoas corretas.

Revisão do Sprint Backlog: Em seguida, é feita uma revisão do Sprint Backlog para verificar o progresso do trabalho até o momento. Cada membro da Tribo apresenta o status das tarefas em que está trabalhando e pode relatar quaisquer problemas ou impedimentos que tenham encontrado.

Identificação de impedimentos: Caso algum impedimento tenha sido identificado, ele é discutido e registrada a ação que será tomada para resolver o problema. O objetivo é garantir que o trabalho possa continuar sem obstáculos, por isso é importante que esses impedimentos sejam tratados rapidamente.

Alinhamento dos objetivos: Após a revisão do Sprint Backlog e a identificação de possíveis impedimentos, os objetivos das diferentes Tribos são alinhados. É importante que haja uma compreensão clara dos objetivos comuns que precisam ser alcançados para que o trabalho possa ser realizado de forma eficaz.

Eleição do Scrum Master representante: Nessa reunião, é escolhido um Scrum Master que será o representante de todas as Tribos na próxima reunião diária. Essa pessoa é responsável por trazer os impedimentos e problemas relatados por suas Tribos para a próxima etapa da reunião diária.

Ao final dessa reunião diária, espera-se que os impedimentos tenham sido identificados e que haja um plano de ação para resolvê-los, além de um alinhamento claro dos objetivos. Também é importante que o representante da reunião seja escolhido para garantir que haja uma comunicação eficaz entre as Tribos e as próximas etapas da reunião diária.

4ª Etapa - Reunião Diária 04:

A Reunião Diária 04 é uma etapa opcional que só ocorre se for necessário tratar impedimentos que foram levantados nas Reuniões Diárias anteriores e que precisam ser discutidos pela alta gestão da organização. Essa reunião tem como objetivo trazer soluções para os problemas identificados e garantir que o trabalho dos times continue a avançar sem interrupções.

Preparação: Antes da reunião, é importante que todos os participantes se preparem e tenham em mãos todas as informações relevantes para a discussão dos impedimentos levantados. O Scrum Master que foi escolhido como representante na Reunião Diária 03 deve reunir todas as informações e compartilhá-las com a alta gestão e os Product Owners das Tribos.

Abertura: O Scrum Master que foi escolhido como representante inicia a reunião fazendo uma breve apresentação dos impedimentos levantados nas Reuniões Diárias anteriores e ressaltando a importância de discuti-los com a alta gestão.

Discussão dos impedimentos: A alta gestão da organização, juntamente com os Product Owners das Tribos e o Scrum Master representante, discutem cada impedimento levantado e buscam soluções para resolvê-los. É importante que todos os participantes tenham voz ativa na discussão e que as soluções encontradas sejam viáveis e efetivas.

Definição de ações: Ao final da discussão, é importante que sejam definidas ações concretas para resolver os impedimentos levantados. Essas ações devem ser claras, objetivas e de responsabilidade de alguém específico. O Scrum Master representante deve garantir que as ações sejam registradas e acompanhadas até sua conclusão.

Encerramento: O Scrum Master representante encerra a reunião fazendo um resumo das discussões e das ações definidas. É importante que todos os participantes estejam cientes do que foi discutido e das responsabilidades atribuídas.

A Reunião Diária 04 é uma etapa crucial para garantir que os impedimentos levantados nas Reuniões Diárias anteriores sejam tratados de forma adequada e que o trabalho dos times possa continuar sem interrupções. É importante que todos os participantes estejam engajados na discussão e que as soluções encontradas sejam viáveis e efetivas para a organização como um todo.

3.   Revisão da Sprint Escalado

Para garantir que a Revisão da Sprint seja eficiente e produtiva, é fundamental que o Time Scrum esteja preparado e alinhado. Cada time deve ter definido previamente quais são os incrementos que serão apresentados e quais são os principais pontos a serem discutidos durante a revisão. Além disso, é importante que os times tenham feito as devidas validações e testes nos incrementos antes da apresentação, para garantir que eles estejam prontos para serem demonstrados aos stakeholders.

Quando atuamos com vários Times Scrum com múltiplos projetos, o mapeamento de todos os projetos e seus stakeholders se torna essencial para a organização da revisão. É necessário identificar quais são os clientes e seus respectivos projetos, de forma a montar grupos de reuniões por cliente e levando em consideração a capacidade de cada time em participar, pois as reuniões por grupos de cliente poderão ocorrer em paralelo.

Para cada grupo de projetos, os Times irão apresentar os incrementos que foram desenvolvidos durante o Sprint, recebendo feedbacks e discutindo os próximos passos. É importante que os stakeholders possam ver e interagir com os incrementos, de forma a avaliar o progresso rumo ao Product Goal. Além disso, é essencial que os times estejam preparados para responder a perguntas e esclarecer dúvidas dos stakeholders.

Caso seja necessário, os times podem se dividir para conseguir participar de reuniões que venham ocorrer em paralelo com diferentes clientes. É importante que a equipe de Scrum Master esteja atenta para garantir que cada time esteja presente nas reuniões em que deve participar e que o tempo de cada evento seja respeitado. O timebox máximo de 3 horas por grupo de projetos é uma sugestão, mas pode variar dependendo da quantidade de cada projeto por grupo e do tamanho dos projetos.

Durante a Revisão da Sprint, é importante lembrar que o objetivo principal é inspecionar o resultado do Sprint e determinar adaptações futuras. Os stakeholders devem estar cientes de que o objetivo não é uma apresentação formal ou uma demonstração completa do produto. O foco deve estar no feedback e na colaboração entre os times e stakeholders, para garantir que o produto final atenda às necessidades dos clientes.

Para que a Revisão da Sprint seja bem-sucedida, é fundamental que a equipe de Scrum Master esteja preparada e tenha realizado as devidas atividades de planejamento. É importante que os times estejam engajados e comprometidos com o sucesso da revisão, trabalhando em conjunto para garantir que o resultado do Sprint atenda às expectativas dos stakeholders e esteja alinhado com o Product Goal.

Além disso, é importante que a equipe de Scrum Master esteja atenta para garantir que as adaptações futuras sejam definidas e registradas adequadamente, para que possam ser implementadas no próximo Sprint. É importante que as adaptações sejam baseadas no feedback dos stakeholders e que tenham como objetivo melhorar continuamente o produto e o processo.

Por fim, é importante destacar que a Revisão da Sprint é uma oportunidade valiosa para promover a transparência, a inspeção e a adaptação, fundamentais para o sucesso do Scrum. Ao garantir que as entregas do Time Scrum são demonstradas aos stakeholders, o Scrum Master e o Time Scrum podem coletar feedbacks valiosos e identificar possíveis problemas ou oportunidades de melhoria.

Além disso, a Revisão da Sprint permite que o Time Scrum celebre seus sucessos e reconheça o trabalho duro de cada membro do time. Isso é importante para manter a motivação e a energia do Time Scrum elevadas, especialmente em sprints longas ou em momentos de desafio.

No entanto, quando se trabalha com vários Times Scrum e múltiplos projetos, é preciso ter uma abordagem cuidadosa e planejada para a Revisão da Sprint. O mapeamento cuidadoso dos projetos e stakeholders é essencial para garantir que todos os envolvidos possam participar e contribuir para a revisão.

Além disso, é importante definir o tempo de cada evento com base na quantidade de projetos em cada grupo e no tamanho dos projetos. O timebox máximo de 3 horas por grupo de projetos pode ajudar a garantir que as reuniões sejam eficientes e produtivas.

Em geral, a Revisão da Sprint é um evento crucial no processo Scrum e pode ser um momento de aprendizado, celebração e adaptação. Quando trabalhando com vários Times Scrum e múltiplos projetos, é necessário ter uma abordagem cuidadosa e planejada para garantir que todos os stakeholders possam participar e que as entregas sejam avaliadas de forma justa e adequada.

Por fim, é importante lembrar que o Scrum é uma metodologia ágil que valoriza a colaboração, a comunicação e a transparência. A Revisão da Sprint é apenas um dos muitos eventos no processo Scrum que promovem esses valores. Ao adotar uma mentalidade ágil e manter o foco nos valores do Scrum, as equipes podem maximizar seu potencial e alcançar o sucesso em seus projetos.

4.   Retrospectiva da Sprint Escalado

A retrospectiva é um importante evento dentro do framework Scrum que tem como objetivo a melhoria contínua do processo de desenvolvimento de software. É uma oportunidade para que o time possa refletir sobre o último Sprint, identificar pontos positivos e negativos e planejar ações para melhorar o processo e o resultado do próximo Sprint.

No entanto, em organizações maiores, com múltiplos times trabalhando em diferentes projetos e áreas, pode ser desafiador realizar uma retrospectiva que contemple todo o escopo da organização. É aí que entra a retrospectiva escalada.

A retrospectiva escalada é uma técnica que permite que diferentes times, áreas e projetos possam realizar a retrospectiva juntos, com o objetivo de identificar oportunidades de melhoria em relação à integração e colaboração entre as equipes. Essa técnica ajuda a garantir que os times estejam alinhados, comuniquem-se bem e colaborem para alcançar os objetivos do negócio como um todo.

1ª Etapa - Retrospectiva da Sprint 01

A Retrospectiva da Sprint 01 é uma das etapas mais importantes do Scrum e deve ocorrer logo no início da tarde do último dia da Sprint. O evento possui um timebox de 2 horas e o propósito é que o Time Scrum inspecione como correu o último Sprint no que diz respeito a indivíduos, interações, processos, ferramentas e à sua Definição de Pronto. O objetivo é identificar as suposições que desviaram o time e explorar as suas origens, além de endereçar as melhorias mais impactantes para serem implementadas o mais rapidamente possível.

A Retrospectiva da Sprint 01 é realizada separadamente por cada Time Scrum e todos os integrantes, incluindo Desenvolvedores, Scrum Master e Product Owner, devem participar.

A seguir, apresentamos cada uma das etapas da Retrospectiva da Sprint 01:

Levantamento dos fatos: Nesta etapa, cada integrante compartilha suas experiências, sucessos, dificuldades e problemas encontrados durante o último Sprint. O objetivo é levantar os fatos e eventos ocorridos no time e entender como eles se relacionam entre si. É importante que todos os integrantes participem ativamente e que a discussão seja aberta e transparente, sem julgamentos ou críticas pessoais.

Identificação das causas raízes: Após o levantamento dos fatos, é hora de identificar as causas raízes dos problemas encontrados. Nesta etapa, o time deve buscar entender as origens dos problemas, evitando soluções superficiais ou paliativas. O objetivo é identificar as suposições que desviaram o time e explorar suas origens.

Definição de ações de melhoria: Com as causas raízes identificadas, é hora de definir ações de melhoria para endereçar os problemas encontrados. Nesta etapa, o time deve priorizar as ações mais impactantes e definir um plano de ação claro e objetivo. É importante que as ações sejam específicas, mensuráveis, atingíveis, relevantes e com prazos definidos.

Acompanhamento das ações de melhoria: Por fim, é importante que o time acompanhe as ações de melhoria definidas na Retrospectiva da Sprint 01. Nesta etapa, o time deve avaliar o progresso das ações e ajustá-las, se necessário. O objetivo é garantir que as melhorias mais impactantes sejam implementadas o mais rapidamente possível e que o time continue evoluindo e aprendendo com cada Sprint.

2ª Etapa - Retrospectiva da Sprint 02

A segunda etapa da Retrospectiva da Sprint é realizada logo após a primeira etapa e tem como objetivo inspecionar o desempenho do último Sprint no contexto entre grupos. Essa etapa tem um timebox de 1 hora e 30 minutos e conta com a participação dos Product Owners e Scrum Masters de cada grupo e os Product Owners das Tribus (áreas), que atuam escalados.

O Agile Coach ou Agile Master da organização pode atuar como organizador e mediador do evento. O foco dessa etapa é a integração dos grupos, as interdependências, a comunicação, o suporte e o apoio entre os times.

A seguir, serão apresentadas as etapas da segunda etapa da Retrospectiva da Sprint:

Preparação: O Agile Coach ou Agile Master da organização prepara o ambiente e o material necessário para o evento. Ele também define as atividades e a sequência delas.

Revisão da Definição de Pronto: Nessa etapa, os Product Owners de cada grupo compartilham suas Definições de Pronto. Eles discutem as diferenças e similaridades entre elas e identificam os itens que precisam ser ajustados.

Identificação das interdependências: Nessa etapa, cada grupo compartilha como suas atividades impactam os outros grupos. É importante identificar as interdependências para garantir que todos os grupos estejam alinhados e trabalhem juntos para alcançar os objetivos da organização.

Discussão sobre comunicação e suporte: Nessa etapa, os participantes discutem a comunicação entre os grupos e como ela pode ser melhorada. Eles também discutem o suporte que cada grupo oferece aos outros e como esse suporte pode ser aprimorado.

Identificação de melhorias: Nessa etapa, os participantes identificam as melhorias mais impactantes que precisam ser implementadas entre os grupos para melhorar o desempenho geral da organização. Eles discutem como essas melhorias podem ser implementadas e quem será responsável por elas.

Plano de ação: Nessa etapa, os participantes criam um plano de ação para implementar as melhorias identificadas. Eles definem as tarefas, os responsáveis e os prazos para cada ação a ser realizada.

Encerramento: O Agile Coach ou Agile Master da organização encerra a reunião e agradece a participação de todos. Ele também se certifica de que todos entendam as ações a serem realizadas e os prazos para sua execução.

Conclusão

A retrospectiva escalada é uma prática importante para promover a integração entre diferentes grupos e equipes em uma organização. Ao inspecionar como o último Sprint correu no contexto entre grupos, é possível identificar os desafios enfrentados em termos de interdependência, comunicação, suporte e apoio, além de avaliar o alinhamento dos processos e da Definição de Pronto entre as áreas.

Ao compartilhar as experiências, sucessos, dificuldades e problemas encontrados durante o Sprint, os Product Owners e Scrum Masters de cada grupo podem entender como eles se relacionam com os outros grupos e identificar oportunidades de melhoria em conjunto. A presença do Agile Coach ou Agile Master como mediador do evento pode contribuir para garantir uma discussão construtiva e colaborativa.

Com a retrospectiva escalada, é possível promover uma cultura ágil mais integrada e colaborativa dentro da organização, além de permitir a identificação e a resolução de problemas de forma mais rápida e eficiente. É uma prática que deve ser realizada regularmente para garantir que a integração entre os grupos continue a evoluir e melhorar continuamente.

7.   Conclusão

7.1.   Reflexão final sobre a importância na implementação do Scrum

Ao finalizar a leitura de "Scrum Mindset - Da negação ao Sucesso", fica claro que o sucesso na implementação do Scrum depende fundamentalmente da compreensão do fator humano envolvido em sua aplicação. Como foi detalhado no livro, a resistência à mudança pode ser um dos maiores obstáculos na adoção do Scrum, e é preciso abordá-la cuidadosamente para garantir que a equipe esteja alinhada com os objetivos do projeto e disposta a trabalhar juntos em prol do sucesso.

A resistência pode surgir de diversas fontes, desde o medo da mudança até a falta de confiança na nova metodologia. Por isso, é essencial que os líderes da equipe criem um ambiente seguro e transparente em que os membros da equipe se sintam confortáveis em expressar suas preocupações e dúvidas.

Também é importante destacar que a resistência não é necessariamente uma coisa ruim. Na verdade, ela pode ser um sinal de que a equipe está comprometida com o sucesso do projeto e quer garantir que as mudanças sejam feitas de maneira cuidadosa e estratégica. Por isso, é importante que os líderes da equipe ouçam atentamente as preocupações da equipe e trabalhem em conjunto para encontrar soluções que atendam às necessidades de todos.

Além da resistência, outro fator crítico na implementação do Scrum é a comunicação e colaboração entre as equipes. Como foi enfatizado no livro, o Scrum é baseado em uma abordagem colaborativa e de equipe, onde todos os membros têm um papel importante a desempenhar no sucesso do projeto.

Isso significa que as equipes precisam estar alinhadas e comprometidas com os mesmos objetivos, e devem ser capazes de trabalhar juntas de maneira eficaz. A comunicação é fundamental para isso, e as equipes devem ser encorajadas a se comunicar aberta e honestamente, compartilhando informações e atualizações de forma regular.

Também é importante lembrar que a implementação do Scrum não é uma solução mágica que resolverá todos os problemas da equipe e do projeto. Para que o Scrum funcione efetivamente, é necessário criar uma cultura ágil na organização, onde todos os membros da equipe estejam comprometidos com a aprendizagem contínua e a melhoria constante.

Isso significa que os líderes da equipe devem encorajar a experimentação e o aprendizado, e estar dispostos a mudar seus processos e práticas de acordo com o feedback da equipe e dos stakeholders. A cultura ágil deve estar enraizada em toda a organização, desde a liderança até as equipes de desenvolvimento, para que todos possam trabalhar juntos de maneira eficaz em direção aos mesmos objetivos.

Por fim, é importante lembrar que a implementação do Scrum é um processo contínuo e em evolução. Não é uma solução única para todos os projetos e equipes, e é preciso adaptar as práticas do Scrum de acordo com as necessidades e particularidades de cada projeto e equipe.

Ao considerar o fator humano, o poder da resistência, a comunicação e colaboração entre as equipes e a criação de uma cultura ágil na organização, podemos garantir que o Scrum seja implementado com sucesso e mantido a longo prazo. É importante lembrar que o Scrum não é uma metodologia rígida e inflexível, mas sim uma abordagem flexível que pode ser adaptada e ajustada de acordo com as necessidades da equipe e do projeto.

Ao longo do livro "Scrum Mindset - Da negação ao Sucesso", destacamos que é possível aplicar o Scrum em diferentes contextos, desde empresas de tecnologia até equipes de marketing. Essa variedade de casos reforça a ideia de que o Scrum pode ser aplicado em diferentes áreas e setores, e pode ser adaptado de acordo com as necessidades específicas de cada equipe e projeto.

Porém, para que o Scrum seja aplicado de forma eficaz, é necessário um comprometimento sério da liderança da organização. A liderança deve estar disposta a investir tempo e recursos para treinar e capacitar as equipes em práticas ágeis, e deve estar disposta a fornecer suporte contínuo para a implementação do Scrum.

Também é importante que a liderança esteja comprometida em manter uma cultura ágil na organização, incentivando a aprendizagem contínua e a experimentação. Uma cultura ágil na organização não se limita apenas às equipes de desenvolvimento, mas deve ser encorajada em toda a empresa, desde a liderança até os níveis mais baixos.

Além disso, o livro destaca a necessidade de criar uma cultura ágil na organização, uma cultura que promova a aprendizagem contínua e a experimentação. Essa cultura ágil é fundamental para o sucesso contínuo da implementação do Scrum e deve ser encorajada em toda a organização, desde a liderança até os membros da equipe.

Em resumo, o Scrum pode ser uma metodologia poderosa e eficaz para gerenciamento de projetos, mas seu sucesso depende fundamentalmente da compreensão do fator humano envolvido em sua implementação e da criação de uma cultura ágil na organização.

www.ingramcontent.com/pod-product-compliance
Lightning Source LLC
Chambersburg PA
CBHW060831220526
45466CB00003B/1066